Annabel Karmel
Le nouveau livre de bébé gourmand

4e édition

Plus de 200 recettes faciles,
rapides et nutritives
Entièrement révisé et mis à jour

Traduit par Élisa-Line Montigny
et Madeleine Hébert

Guy Saint-Jean
ÉDITEUR

Je dédie ce livre à mes enfants, Nicholas et Lara,
et à la mémoire de ma fille aînée, Natasha.

Publié originalement en Grande-Bretagne par Ebury Press, une filiale de Random House Group Company,
Random House, 20 Vauxhall Bridge Road, Londres SW1V 2SA
Cette édition en langue française publiée en collaboration avec Eddison Sadd Editions, St Chad's House, 148
King's Cross Road, Londres WC1X 9DH

Conception graphique : Smith & Gilmour, London
Illustrations : Nadine Wickenden
Photos : Dave King

Catalogage avant publication de Bibliothèque et Archives nationales du Québec et Bibliothèque et Archives Canada
Karmel, Annabel
Le grand livre de bébé gourmand
4e éd.
Traduction de : New complete baby and toddler meal planner.
Comprend un index.
ISBN 978-2-89455-291-9
1. Nourrissons - Alimentation. 2. Tout-petits - Alimentation. 3. Enfants d'âge préscolaire -
Alimentation. 4. Cuisine (Aliments pour nourrissons). I. Titre.

TX361.C5K3714 2008   641.5'6222   C2008-940908-6

Nous reconnaissons l'aide financière du gouvernement du Canada par l'entremise du Programme d'Aide au
Développement de l'industrie de l'Édition (PADIÉ) ainsi que celle de la SODEC pour nos activités d'édition.

Patrimoine canadien / Canadian Heritage   Canada   Québec

Dépôt légal – Bibliothèque et Archives nationales du
Québec et Bibliothèque et Archives Canada, 2008.
ISBN 978-2-89455-291-9

Distribution et diffusion :
Amérique : Prologue
France : Volumen
Belgique : La Caravelle S.A.
Suisse : Transat S.A.

Guy Saint-Jean Éditeur Inc., 3154 boul. Industriel, Laval
(Québec) Canada, H7L 4P7. 450 663-1777. Courriel :
info@saint-jeanediteur.com. Web : www.saint-
jeanediteur.com.

Guy Saint-Jean Éditeur France, 48, rue des Ponts,
78290 Croissy-sur-Seine, France. 01 39 76 99 43.
Courriel : gsj.editeur@free.fr

Imprimé à Singapour

Table des matières

Introduction

Sevrer son bébé constitue un moment palpitant dans la vie de tout nouveau parent. Malheureusement, ce sentiment d'excitation peut parfois se transformer en anxiété. Vous avez peut-être déjà commencé à donner à manger à votre bébé à 5 mois, et après deux semaines d'un régime de riz pour bébés sans saveur, vous vous interrogez sur la possibilité de transformer quelques carottes en purée ? Contiennent-elles des nitrates ? Devraient-elles être biologiques ? Faut-il les faire bouillir ou les faire cuire à la vapeur ? Bébé devrait-il manger des carottes pendant trois jours – trois jours pendant lesquels vous êtes aux aguets pour tout signe d'allergie – avant d'essayer un autre aliment ? Le bac à glaçons que vous utilisez pour congeler vos aliments en purée devrait-il d'abord être stérilisé ? Est-il sécuritaire de décongeler les cubes au four micro-ondes ? Et il ne s'agit ici que des légumes. Qu'en est-il du poisson, du poulet et de la viande ? Quand faut-il les intégrer au menu ? Nourrir son bébé devient vite un monde où se côtoient étonnement et confusion.

Combien d'histoires de toutes sortes avez-vous entendues jusqu'à maintenant ? Tardez-vous à servir à votre bébé certains aliments comme œufs, viande et poisson sans vraiment savoir pourquoi ? Je ne vous apprendrai peut-être rien en vous disant que la plupart des conseils que vous recevez ne sont pas tirés de recherches scientifiques. Mon but est de vous guider dans vos efforts à bien nourrir votre bébé, en examinant chaque étape un mois à la fois, de vous aider à faire la part des choses, de répondre à toutes vos questions afin que vous ayez la confiance nécessaire pour préparer des aliments frais qui permettront à votre bébé de démarrer sa vie du bon pied.

C'est au cours de la petite enfance que les habitudes alimentaires sont créées et s'installent pour la vie. Les bébés grandissent plus rapidement pendant leur première année d'existence qu'à tout autre moment de leur vie. C'est donc l'occasion parfaite, entre six et douze mois, pour stimuler les papilles gustatives de votre bébé. C'est le moment idéal pour lui présenter différentes saveurs et textures, pour lui faire goûter à de la viande, à du poulet et à du poisson, tous des aliments essentiels que vous devez lui fournir pendant sa première année. Il ne faut pas transformer en purée et hacher ses aliments trop longtemps, sinon votre enfant pourrait ne pas avoir envie de faire l'effort de mâcher. En lui offrant des aliments frais dès le départ, vous l'intégrerez plus facilement aux repas familiaux et risquez moins d'avoir un enfant capricieux au moment des repas.

J'ai écrit la première édition du présent ouvrage en 1991, peu de temps après le décès prématuré de mon premier enfant, Natasha, victime d'une maladie virale rare. Je voulais que quelque chose de positif ressorte de la vie de Natasha, même si elle avait été de courte durée. J'ai consacré de nombreuses années à la recherche sur le vaste sujet de l'alimentation des enfants, faisant appel à des experts en la matière. Depuis plus de 15 ans, le présent ouvrage se trouve en tête de liste des livres sur l'alimentation des bébés et des enfants, et il a été traduit en plus de 20 langues. La nouvelle édition a été mise à jour à la lumière des recherches les plus récentes en nutrition de l'enfant, et comporte des recettes originales améliorées, 25 nouvelles recettes et des photos qui leur rendent justice.

Lorsqu'on songe au fait que 90 p. cent de la malbouffe est achetée par les parents pour leurs enfants et qu'un enfant sur cinq de moins de quatre ans dans la plupart des pays industrialisés souffre d'embonpoint, le temps est venu de se remettre à cuisiner. Au cours des 16 dernières années, j'ai passé plus de temps à préparer des repas santé pour enfants que quiconque, et toutes les recettes du présent ouvrage ont été éprouvées auprès de bébés et de tout-petits. En vous aidant du livre, vous aussi pouvez réaliser des repas très nutritifs et faciles à préparer dont vos enfants se régaleront. Je peux aussi vous promettre que vous et vos enfants serez épatés par les résultats sans qu'il vous soit nécessaire de passer des heures à vos casseroles pour les réaliser.

J'espère que vous prendrez autant de plaisir à consulter et à réaliser les recettes du présent livre que j'en ai eu à les créer.

Annabel Karmel

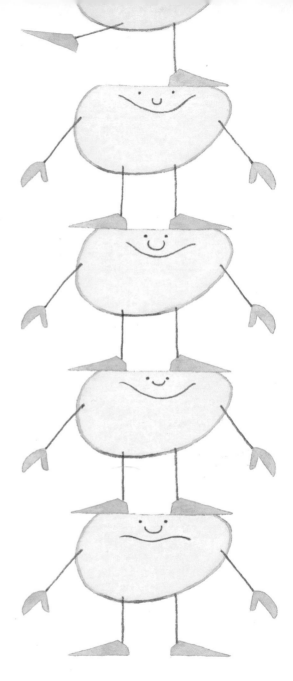

chapitre un

Les meilleurs premiers aliments

On recommande l'allaitement maternel exclusif jusqu'à l'âge de six mois pour combler tous les besoins nutritionnels de votre nourrisson. La plupart des bébés ne devraient pas consommer d'aliments solides avant l'âge de six mois, mais si vous croyez que le vôtre en a besoin, parlez-en à votre médecin. Voici quelques signes révélateurs : il a encore faim après avoir bu, il a besoin d'être allaité plus souvent, il se réveille la nuit pour un boire qu'il ne réclamait pas les nuits précédentes. Il n'y a pas d'âge précis d'introduction des aliments solides. Or, il importe de ne pas le sevrer trop tôt (pas avant dix-sept semaines) ; son système digestif continue de se développer dans ses premiers mois d'existence et les protéines étrangères peuvent augmenter ses risques d'allergies alimentaires dans l'avenir.

Le lait : toujours l'aliment essentiel

Lorsque vous introduisez les aliments solides à l'alimentation de votre enfant, il est important de ne pas oublier que le lait demeure le meilleur aliment naturel pour les bébés en croissance. J'encourage les mères à allaiter leur enfant. Mis à part les bienfaits émotifs de l'allaitement, le lait maternel comporte des anticorps qui aident à protéger les enfants des infections. Les bébés sont tout particulièrement vulnérables aux infections dans les premiers mois de leur vie, et le colostrum que la mère sécrète pendant les premiers jours de l'allaitement constitue une source très importante d'anticorps qui aident à bâtir le système immunitaire de bébé. L'allaitement, ne serait-ce que pendant une seule semaine, présente une multitude d'avantages. Il a été démontré médicalement que les enfants qui ont été allaités sont moins sujets à développer certaines maladies au cours de leur vie.

Une quantité de 125 ml (4 oz) de lait comporte 65 calories, et le lait maternisé est enrichi de vitamines et de fer. Le lait de vache n'est pas un aliment aussi « complet » ; il est donc préférable d'attendre que votre bébé ait atteint l'âge d'un an avant de lui en servir. Les aliments solides sont ajoutés à l'alimentation de bébé dans le but d'y ajouter du volume et afin de lui présenter de nouveaux goûts, de nouvelles textures, de nouveaux arômes ; ils l'aident aussi à faire usage des muscles de sa bouche. Or, donner trop tôt de grandes quantités d'aliments solides à un bébé peut entraîner de la constipation et lui fournir moins d'éléments nutritifs que ce dont il a besoin. Il serait très difficile pour un bébé d'obtenir autant d'éléments nutritifs de petites quantités d'aliments solides qu'il en obtient du lait.

Évitez d'utiliser de l'eau adoucie ou de l'eau bouillie à plusieurs reprises pour préparer les biberons de bébé : elles risquent d'avoir une teneur élevée en sels minéraux. Les biberons ne devraient pas être réchauffés au micro-ondes. Faites chauffer les biberons en les déposant dans de l'eau chaude.

Entre quatre et six mois, les bébés devraient boire de 650 à 875 ml (21 à 28 oz) de lait par jour. Environ 650 ml (21 oz) par jour entre six mois et un an suffisent lorsqu'ils commencent à consommer des aliments solides, mais sont insuffisants entre l'âge de quatre et six mois s'ils ne consomment pas d'aliments solides. Il importe de veiller à ce que, jusqu'à l'âge de huit mois, votre bébé boive du lait au moins quatre fois par jour. Si le nombre de boires est réduit trop rapidement, votre bébé sera incapable de boire autant qu'il en a besoin. Certaines mères font l'erreur de donner des aliments solides à leur bébé lorsqu'il a faim alors qu'il a plutôt besoin de plus de lait.

Les bébés devraient être nourris au sein ou au lait maternisé pendant toute leur première année de vie. Les laits de vache, de chèvre ou de brebis ne contiennent pas suffisamment de fer et autres éléments nutritifs nécessaires à une croissance normale. Le lait de vache entier peut cependant servir à la cuisson ou dans des céréales durant la période de sevrage. Le yogourt et le fromage, fort appréciés habituellement par les bébés, peuvent être introduits une fois que ces derniers auront goûté et accepté leurs premiers fruits et légumes. Optez pour des produits entiers plutôt que des produits réduits en gras : les bébés ont besoin de ce type de calories pour grandir.

Frais c'est mieux et bien meilleur

Les aliments frais goûtent, sentent et ont meilleure apparence que les purées en pots pour bébés du commerce. Il est évident aussi qu'ils sont meilleurs pour votre bébé (et vous). Les aliments pour bébés du commerce perdent une partie de leur valeur nutritive pendant le processus de transformation. Votre enfant sera moins capricieux et saura s'intégrer plus facilement aux repas de la famille s'il est habitué à une vaste gamme de goûts frais et de textures en bas âge.

Fruits et légumes biologiques

La production des fruits et des légumes biologiques se fait sans produits chimiques tels que pesticides et engrais. Il n'existe pas, à l'heure actuelle, de preuves scientifiques que des niveaux de pesticides dans les aliments courants soient nuisibles pour les bébés et les enfants, mais certaines mères préfèrent ne pas prendre de risques. Le choix écologique est plus coûteux ; à vous de décider si le prix plus élevé en vaut la chandelle.

Les aliments génétiquement modifiés

La modification génétique est un processus de transfert de gènes entre espèces différentes. Par exemple, la résistance au gel ou aux dommages causés par certains insectes pourrait être transférée d'une plante à une autre. Des recherches plus poussées doivent être effectuées afin de nous permettre d'établir si la modification génétique peut améliorer ou non la qualité et la disponibilité des produits agricoles ou si le coût pour l'humain et l'environnement dépasse les avantages.

Besoins nutritionnels
Protéines

Il nous faut des protéines pour assurer la croissance et le maintien de notre corps ; toute protéine en trop peut servir à fournir de l'énergie (ou se transformer en tissu adipeux). Les protéines sont faites de différents acides aminés. Certains aliments (viande, poisson, fèves de soja et des produits laitiers dont le fromage) contiennent tous les acides aminés essentiels à notre corps. D'autres aliments (céréales, légumineuses, noix et graines) sont des sources précieuses de protéines, mais ne contiennent pas tous les acides aminés.

Glucides

Les glucides et les gras sont les sources principales d'énergie de notre corps. Il existe deux types de glucides : les sucres et les féculents. Chacun des deux types se divise en deux catégories : les naturels et les raffinés. Dans les deux cas, c'est sous leur forme naturelle que les glucides représentent un choix plus sain.

Lipides (gras)

Les gras constituent la plus importante source d'énergie, et les bébés doivent consommer, proportionnellement, davantage de gras que les adultes. Les aliments à teneur énergétique élevée tels le fromage, la viande et les œufs sont nécessaires pour une croissance et un développement rapides. Plus de 50 p. cent de l'énergie du lait maternel provient du gras. Les aliments qui contiennent du gras comportent également les vitamines hydrosolubles A, D, E et K, qui sont importantes pour le développement sain de votre bébé.

Il existe deux types de gras : saturé (solide à température ambiante), principalement de source animale et de gras solidifiés artificiellement que l'on trouve dans les gâteaux, les biscuits et les margarines ; et insaturé (liquide à température ambiante), de source végétale. Ce sont les graisses saturées qui sont les plus dommageables et peuvent entraîner des niveaux de cholestérol élevés et des maladies coronariennes.

Il est important de donner à votre bébé du lait entier pendant au moins les deux premières années, mais limitez l'usage de gras en cuisson et utilisez le beurre et la margarine avec modération. Réduisez sa consommation de viandes grasses telles que les viandes hachées et les saucisses, et remplacez-les par des viandes rouges maigres, du poulet et des poissons gras.

Sucres

Naturels
- ❀ Fruits et jus de fruits
- ❀ Légumes et jus de légumes

Raffinés
- ❀ Sucres et miel
- ❀ Boissons gazeuses
- ❀ Gelées sucrées
- ❀ Confitures et autres conserves
- ❀ Gâteaux et biscuits

Féculents

Naturels
- ❀ Céréales, farines, pâtes alimentaires et pains à grains entiers (complets) pour le petit déjeuner
- ❀ Riz brun
- ❀ Pommes de terre
- ❀ Légumineuses, pois et lentilles
- ❀ Bananes et plusieurs autres fruits et légumes

Raffinés
- ❀ Céréales transformées pour le petit déjeuner (c.-à-d. flocons enrobés de sucre)
- ❀ Farine, pâtes alimentaires et pains blancs
- ❀ Riz blanc
- ❀ Biscuits et gâteaux sucrés

Les vitamines et minéraux essentiels

VITAMINE A
Essentielle à la croissance, pour une peau en santé, l'émail des dents et une bonne acuité visuelle. Stimule aussi le système immunitaire.
Foie
Poissons gras
Carottes
Légumes feuillus vert foncé (brocoli, par exemple)
Fruits et légumes orange et rouges (par ex. : carottes, poivrons rouges, patates douces, tomates, abricots, mangues et courges)

VITAMINE B COMPLEXE
Essentielle à la croissance, à la transformation d'aliments en énergie, au maintien d'un système nerveux en santé et pour aider la digestion. Le groupe de vitamines B comprend un nombre important de vitamines. Certaines se trouvent dans plusieurs aliments, mais, à l'exception du foie et des extraits de levure, aucun autre aliment ne les contient toutes.
Viande
Sardines
Produits laitiers et œufs
Céréales de blé entier
Légumes vert foncé
Extrait de levure
Noix
Légumineuses
Bananes

VITAMINE C
Nécessaire à la croissance, aux tissus sains et à la cicatrisation ; contribue à l'absorption du fer.
Les légumes tels brocoli, poivron, pomme de terre, épinards, chou-fleur.
Les fruits tels fruits citrins, bleuets, melon, papaye, fraises, kiwi.

VITAMINE D
Essentielle à la formation adéquate des os, fonctionne conjointement avec le calcium. Présente dans peu d'aliments, mais fabriquée par la peau exposée au soleil.
Poissons gras
Œufs
Margarine
Produits laitiers

VITAMINE E
Importante pour la composition de la structure cellulaire. Aide le corps à créer et à maintenir les globules rouges.
Huiles végétales
Avocats
Germe de blé
Noix et graines

CALCIUM
Nécessaire pour des os solides, de bonnes dents et la croissance.
Produits laitiers
Poissons en conserve avec arêtes (les sardines, par exemple)
Fruits séchés
Pain blanc
Légumes feuillus vert foncé et légumineuses

FER
Nécessaire pour la santé du sang et des muscles. Les carences en fer sont probablement les plus courantes et font que votre enfant se sentira fatigué et à plat. La viande rouge constitue la source de fer la plus accessible.
Le fer provenant de sources non animales est plus difficile à absorber. Or, l'absorption du fer peut être augmentée d'environ 30 p. cent lorsqu'il est combiné avec des aliments riches en vitamine C.
Viande rouge, le foie en particulier
Poissons gras et jaunes d'œufs
Fruits séchés (surtout les abricots)
Céréales de grains entiers (complètes) et enrichies
Lentilles et légumineuses
Légumes feuillus verts

Les acides gras essentiels (AGE) sont importants pour le cerveau de votre bébé et son développement oculaire. Il existe deux types d'AGE : les oméga-6 provenant d'huiles de graines, soit graines de tournesol, de carthame et de maïs ; et les oméga-3 présents dans les poissons gras. Notre alimentation comporte généralement suffisamment d'oméga-6 mais est souvent déficiente en oméga-3. Il importe de bénéficier du bon équilibre des deux types d'AGE.

La plupart des bébés qui consomment des aliments frais en quantités suffisantes et qui boivent du lait maternisé jusqu'à l'âge d'un an n'ont probablement pas besoin d'un supplément vitaminique. Or, plusieurs pédiatres recommandent un supplément de vitamine D quotidien pour les bébés allaités. Si votre bébé n'est pas nourri au sein, mais boit moins de 565 ml (18 oz) de lait maternisé par jour, un supplément vitaminique pourrait être une bonne idée entre l'âge de six mois et deux ans. Demandez l'avis de votre médecin.

Les enfants qui suivent un régime végétalien devraient consommer au moins 650 ml (21 oz) de lait de soja vitaminé jusqu'à l'âge de deux ans ; dans ce cas, ils n'ont pas besoin de supplément vitaminique. Ce sont surtout les enfants âgés de six mois à deux ans qui ne boivent pas 565 ml (18 oz) de lait vitaminé ou de lait maternisé au soja quotidiennement qui risquent d'avoir des carences en vitamines A et D.

Les vitamines sont essentielles pour le développement adéquat du cerveau et du système nerveux. Une alimentation équilibrée devrait suffire à fournir tous les éléments nutritifs dont votre enfant a besoin (un excès de vitamines peut être potentiellement dommageable). Or, les enfants capricieux pourraient bénéficier d'une multivitamine conçue tout spécialement pour les enfants.

Il y a deux types de vitamines : hydrosolubles (C et B complexes) et liposolubles (A, D, E et K). Les vitamines hydrosolubles ne peuvent être stockées par le corps – les aliments qui en contiennent devraient donc être consommés quotidiennement. Elles peuvent facilement être détruites par une cuisson excessive, surtout lorsque les fruits et les légumes sont cuits dans de l'eau bouillante. La meilleure façon de préserver ces vitamines est de consommer les aliments crus ou légèrement cuits (à la vapeur, par exemple).

Aliments à risque élevé

Un nombre sans cesse grandissant d'enfants développent une allergie aux graines de sésame ; évitez d'en donner aux bébés fortement atopiques avant qu'ils ne soient âgés d'au moins neuf mois. Les baies et les fruits citrins peuvent entraîner une réaction, mais sont rarement une source d'allergie réelle. Les allergies alimentaires courantes peuvent causer des nausées, des vomissements, de la diarrhée, de l'eczéma, le rhume des foins, des érythèmes et l'enflure des yeux, des lèvres et du visage. Voilà pourquoi il est déconseillé de donner des aliments solides à votre bébé trop hâtivement.

Eau

L'humain peut survivre assez longtemps sans nourriture, mais seulement quelques jours sans eau. Les bébés perdent plus d'eau par leurs reins et leur peau que les adultes, et aussi lorsqu'ils vomissent ou ont la diarrhée. Il est donc vital qu'ils ne souffrent pas de déshydratation. Veillez à ce que votre bébé boive beaucoup de liquide ; de l'eau bouillie, rafraîchie est idéale les jours de chaleur – elle désaltère mieux que les boissons sucrées. Évitez les eaux minérales en bouteille à cause de leur teneur élevée en sels minéraux qui ne convient pas aux bébés.

Il n'est pas vraiment nécessaire de donner autre chose que du lait ou de l'eau à un bébé qui a soif. Les sirops de fruits, les boissons sucrées et les boissons aux herbes sucrées devraient être évités pour prévenir la carie dentaire. Ne vous méprenez pas sur le mot « dextrose » – c'est tout simplement un autre type de sucre.

Si votre bébé refuse de boire de l'eau, donnez-lui du jus non sucré pour bébés ou des jus de fruits à 100 %. Diluez-les tel qu'il est suggéré ou, dans le cas de jus frais, mélangez une partie de jus et trois parties d'eau.

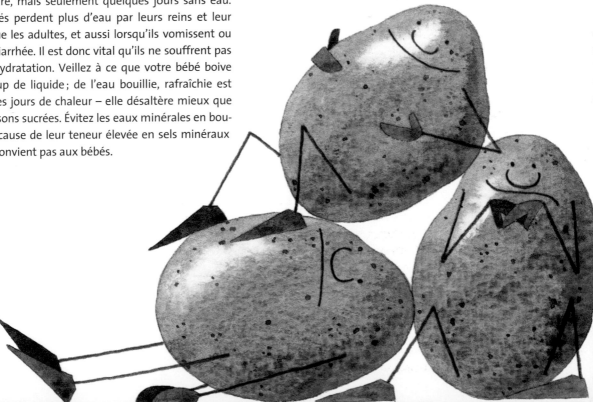

Au sujet des allergies

Si dans vos antécédents familiaux, il y a des allergies alimentaires ou des maladies atopiques telles que fièvre des foins, asthme ou eczéma, votre bébé est davantage à risque de développer une allergie; les aliments doivent donc être introduits avec beaucoup de précaution. S'il vous est possible d'allaiter votre bébé exclusivement pendant les six premiers mois, faites-le. Sinon, discutez avec votre médecin de la possibilité de lui donner un lait maternisé « hypoallergénique » à la place. Quant au sevrage, commencez avec des aliments peu allergènes comme le riz pour bébés, les légumes-racines, les pommes ou les poires. Les nouveaux aliments doivent être introduits un à la fois pendant deux ou trois jours. Ainsi, si une réaction survient, vous en connaîtrez la cause. Évitez les aliments à risque élevé d'allergie avant que votre bébé soit âgé de neuf à douze mois.

L'incidence d'allergies alimentaires chez les bébés normaux est très faible et, compte tenu de la tendance à l'introduction plus tardive d'aliments solides, soit six mois, les allergies sont de moins en moins courantes. N'éliminez pas des aliments clés tels que le lait ou le blé de l'alimentation de votre enfant avant d'en parler à votre médecin. Certaines allergies – surtout les sensibilités aux œufs, au lait, aux fruits de mer ou aux noix – peuvent durer toute la vie. Informez-en tout adulte appelé à lui donner à manger.

N'hésitez jamais à consulter si vous êtes inquiet. Le système immunitaire des bébés n'est pas entièrement développé et ils peuvent devenir malades très rapidement s'ils ne sont pas traités adéquatement.

Intolérance au lactose

L'intolérance au lactose est une incapacité à digérer le lactose – le sucre dans le lait – à cause de l'absence d'une enzyme de digestion. Votre enfant peut souffrir de nausées, de crampes, de ballonnements, de diarrhée et de flatulences, habituellement pendant 30 minutes après avoir consommé des produits laitiers. Étant donné que le lactose est présent dans le lait maternel et le lait de vache, les bébés qui souffrent d'une intolérance au lactose devraient boire du lait de soja maternisé. Or, le lait de soja n'est pas recommandé pour les bébés de moins de six mois. Ces derniers devraient donc être nourris au lait maternisé à lactose réduit (parfois étiqueté « LF »).

L'intolérance au lactose est une complication rare d'une infection gastro-intestinale. Chez les enfants de plus d'un an, éliminez les produits laitiers de leur alimentation pendant quelques jours pour voir si cela fait une différence. Dans le cas des bébés de moins d'un an, poursuivez l'allaitement, mais si des boires supplémentaires sont nécessaires, discutez avec votre médecin ou votre pharmacien de la possibilité d'utiliser un lait maternisé à lactose réduit pendant une quinzaine de jours.

L'enfant qui souffre d'une intolérance au lactose à cause d'un manque de lactase dans son intestin en sera atteint toute sa vie.

Allergie à la protéine de lait de vache

Si vous croyez votre bébé sensible au lait de vache, parlez-en à votre médecin. Le lait maternel est le meilleur choix, mais la mère qui allaite doit limiter sa propre consommation de produits laitiers étant donné qu'ils peuvent être transférés à son bébé. Si vous avez cessé d'allaiter, votre médecin vous recommandera probablement un lait maternisé considérablement hydrolysé (peu allergène) délivré sur ordonnance.

Cet état signifie qu'aucun produit laitier ne peut être toléré mais il existe un grand nombre substituts. Les bébés n'ont souvent plus cette allergie lorsqu'ils atteignent l'âge de deux ans, mais il est très important de veiller à ce que votre enfant ait suffisamment de calcium dans son alimentation.

ŒUFS

À partir de six mois, les bébés peuvent consommer des œufs, en autant que le blanc et le jaune soient entièrement cuits. Les œufs mollets peuvent leur être donnés à partir d'un an.

FRUITS

Certains enfants ont des réactions indésirables aux fruits citrins, aux baies et aux kiwis. Les jus de fruits d'églantier et de cassis, à cause de leur teneur élevée en vitamine C, sont de bonnes solutions de rechange au jus d'orange.

MIEL

Le miel ne devrait pas être donné aux enfants avant l'âge de douze mois car il peut entraîner le botulisme infantile. Bien que cette maladie soit très rare, il est préférable de ne pas mettre le système digestif du nourrisson à l'épreuve étant donné qu'il n'est pas armé pour se défendre contre la bactérie.

NOIX

Les allergies aux noix provenant d'arbres, comme noix de Grenoble ou noisettes, sont rares. Les arachides et les produits dérivés peuvent entraîner de fortes réactions allergiques – choc anaphylactique – qui peuvent constituer un danger de mort. Dans les familles avec des antécédents allergiques de fièvre des foins, d'eczéma et d'asthme, évitez tous les produits contenant des arachides, incluant l'huile d'arachides, jusqu'à ce que l'enfant ait atteint l'âge de trois ans, et obtenez un avis médical avant de les introduire à son alimentation. Le beurre d'arachides et les noix moulues finement, cependant, peuvent être introduits à partir de six mois, en autant qu'il n'y ait pas d'antécédents familiaux.

N'achetez que des aliments dont l'emballage est étiqueté « sans noix » ; les produits de boulangerie en vrac, les bonbons et les chocolats peuvent contenir des noix. Les enfants de moins de cinq ans ne devraient pas consommer de noix entières à cause du risque d'étouffement.

GLUTEN

Le gluten est présent dans le blé, le seigle, l'orge et l'avoine. Les aliments qui contiennent du gluten tels le pain ou les pâtes ne devraient pas être introduits dans l'alimentation du bébé avant qu'il ait atteint six mois.

Lorsque vous achetez des céréales pour bébés et des biscuits de dentition, optez pour les variétés sans gluten. Le riz pour bébé est le plus sûr au début ; ensuite, le soja, le maïs, le millet, les nouilles de riz et les spaghettis de sarrasin, et les farines de pomme de terre pour épaissir les sauces et pour la confection de pains et de pâtisseries.

Dans certains cas, l'intolérance au gluten est temporaire et peut disparaître avant que l'enfant n'atteigne l'âge de deux ou trois ans. Or, bien que ce soit rare, certaines personnes conservent une sensibilité permanente au gluten, la maladie cœliaque. Les symptômes incluent la perte d'appétit, une croissance freinée, un abdomen ballonné, des selles pâles particulièrement nauséabondes. La maladie cœliaque peut être diagnostiquée par un test sanguin et confirmée par un examen des parois de l'intestin à l'aide d'un endoscope.

Le reflux gastro-œsophagien

Le reflux gastrique se produit lorsque la soupape de la partie supérieure de l'estomac se referme mal et que le bol alimentaire, et l'acide gastrique qui l'accompagne, remontent. Tous les bébés naissent avec une soupape un peu lâche, mais certains régurgitent beaucoup à cause du problème de reflux. Les vomissements réguliers, le refus de boire ou le besoin de boire seulement de petites quantités à la fois, la perte de poids ou l'absence d'une prise de poids, ou des pleurs excessifs après un boire peuvent tous être des symptômes de reflux.

Si on a diagnostiqué du reflux chez votre bébé :
- ❀ Tenez-le en position verticale pendant le boire et pendant 20 minutes après chaque boire.
- ❀ Soulevez un peu la tête de son lit en glissant des blocs ou des livres épais sous les pieds du lit ; la gravité aidera votre bébé à mieux digérer.

- ❀ Donnez-lui des boires de plus petites quantités et plus fréquents pour éviter de surcharger son estomac.
- ❀ Dans les cas plus graves, utilisez un agent épaississant du lait maternel ou maternisé. Il existe aussi plusieurs types de laits maternisés épaissis disponibles sur ordonnance. Certains bébés doivent aussi prendre des antiacides. La majorité des cas de reflux gastro-œsophagien s'estompent lorsque bébé commence à manger des aliments solides, mais cela ne veut pas nécessairement dire que des aliments solides doivent être ajoutés à leur alimentation.

La préparation de purées pour bébés

La préparation et la cuisson d'aliments pour bébés ne sont pas difficiles, mais l'hygiène, entre autres, est de la plus haute importance. Il faut toujours laver les fruits et les légumes soigneusement avant de les faire cuire.

Équipement

Vous possédez probablement la plupart des ustensiles nécessaires – pilons, râpes, passoires, etc. –, mais voici ceux que je juge indispensables :

Moulin à légumes. Un petit moulin à manivelle manuel, ou presse-purée, pour réduire en purée les aliments et retirer les pépins et les pelures qui peuvent être difficiles à digérer pour les bébés. C'est l'appareil idéal pour les aliments comme les abricots, le maïs ou les haricots verts, mais aussi pour les pommes de terre qui ont tendance à devenir collantes lorsqu'elles sont réduites en purée au robot culinaire ou au mélangeur.

Mélangeur plongeur. Il est idéal pour préparer de petites quantités de purée.

Robot culinaire. Pour préparer de grandes quantités de purée pour la congélation.

Étuveuse. Une étuveuse à plusieurs paniers vous permet de faire cuire différents types d'aliments en même temps. (Une passoire ou une marguerite disposée au-dessus d'une casserole munie d'un couvercle étanche est une alternative plus économique.)

Stérilisation

Au début, il est très important de bien stériliser les biberons, surtout les tétines que votre bébé mettra dans sa bouche. Le lait chaud est un milieu très propice à la prolifération de bactéries et, si les biberons ne sont pas suffisamment lavés et stérilisés, votre bébé peut devenir très malade. Il est impossible, cependant, de stériliser tous les outils dont vous vous servez pour cuisiner et réduire en purée les aliments de bébé, mais veillez à ce que tout soit très propre. Lavez vos ustensiles au lave-vaisselle. Asséchez-les à l'aide d'un linge à vaisselle propre ou de papier absorbant.

Tous les biberons doivent être stérilisés jusqu'à ce que votre bébé ait atteint l'âge d'un an, mais il s'avère inutile de stériliser les cuillers ou des contenants pour aliments au-delà de cet âge où votre bébé commence à se promener à quatre pattes et qu'il met tout ce qu'il voit dans sa bouche. Il n'est pas nécessaire de stériliser les autres pièces de vaisselle utilisées pour manger, mais veillez tout de même à laver les bols et les cuillers au lave-vaisselle ou à la main à environ 27 °C (80 °F) – vous devrez porter des gants de caoutchouc. Si vous vous servez d'un robot culinaire, il est recommandé d'en rincer les composants avec de l'eau bouillante car ils sont aussi des foyers de prolifération de bactéries.

Cuisson à la vapeur

Faites cuire à la vapeur les légumes ou les fruits jusqu'à ce qu'ils soient tendres pour en préserver les vitamines et la saveur. Les vitamines B et C sont hydrosolubles et peuvent facilement être détruites par une surcuisson, surtout dans de l'eau bouillante. Le brocoli perd au-delà de 60 p. cent de ses antioxydants lorsqu'il est cuit dans de l'eau bouillante, mais moins de 7 p. cent lorsqu'il est cuit à la vapeur.

À l'eau bouillante

Pelez, épépinez, ou dénoyautez les légumes ou les fruits et coupez-les en morceaux. Servez-vous d'une quantité minimale d'eau et assurez-vous de ne pas les faire trop cuire. Pour obtenir une purée onctueuse, ajoutez un peu d'eau de cuisson, ou de lait maternisé ou maternel, aux aliments.

Au micro-ondes

Disposez les légumes ou les fruits dans un plat approprié. Ajoutez-leur un peu d'eau, couvrez en laissant une ouverture, et faites cuire à intensité maximale jusqu'à ce qu'ils soient tendres (remuer à mi-cuisson). Réduisez en purée. Assurez-vous qu'elle n'est pas trop chaude pour votre bébé et remuez-la bien pour répartir la chaleur.

Cuisson au four

Si vous préparez un repas au four pour la famille, profitez-en pour faire cuire une pomme de terre, une patate douce ou une courge musquée pour votre bébé. Piquez à la fourchette le légume et faites-le cuire jusqu'à ce qu'il soit tendre. Coupez-le en deux, retirez-en la chair à la cuiller et pilez-la avec un peu d'eau ou de lait.

La congélation des aliments pour bébé

Il est de loin préférable de préparer de plus grandes quantités et de congeler les portions en trop dans des bacs à glaçons ou des petits pots. Ainsi, vous pourrez mieux planifier les repas de votre bébé et n'aurez à cuisiner qu'une ou deux fois par semaine.

Faites cuire et réduisez en purée les aliments, couvrez-les et faites-les refroidir rapidement. Il est très important que les aliments destinés à la congélation soient bien scellés pour éviter qu'ils ne dessèchent. Il est également préférable que les bacs soient remplis presque à ras bord pour éviter que des poches d'air ne se forment au-dessus de l'aliment. Les bacs doivent être placés dans un congélateur qui assurera la congélation des aliments à -18 °C (0.4 °F), ou moins, en 24 heures.

Lorsque votre bébé mangera de plus grosses portions, équipez-vous de contenants de plastique conçus pour congeler les aliments de bébés. Identifiez-les toujours à l'aide d'une étiquette indiquant son contenu et sa date de péremption.

Faites décongeler les aliments en les sortant du congélateur plusieurs heures avant un repas, en les faisant chauffer dans une casserole ou au four micro-ondes jusqu'à ce qu'ils soient bouillants, laissez-les tiédir et testez la température avant de les donner à votre bébé. Les aliments réchauffés au four micro-ondes doivent être bien remués.

❀ Ne remettez jamais au congélateur les repas qui ont déjà été congelés. Si vous utilisez des légumes ou des fruits surgelés pour faire des purées pour bébés, celles-ci peuvent être cuites et recongelées.

❀ Évitez de décongeler un aliment en le faisant chauffer et en le laissant au réfrigérateur avant de le réchauffer de nouveau.

❀ Si des aliments pour bébés ont été décongelés au réfrigérateur, ils doivent être utilisés à l'intérieur de 24 heures. Une fois réchauffés, ils doivent être consommés dans l'heure.

❀ Évitez de remettre au congélateur des repas décongelés, sauf les aliments crus congelés qui, une fois cuits, peuvent être congelés de nouveau (par exemple, les pois surgelés cuits.)

❀ Ajoutez un peu de liquide aux aliments congelés un peu desséchés pour les faire réchauffer.

❀ Les aliments peuvent être conservés au congélateur pendant un maximum de huit semaines.

Introduction d'aliments spécifiques

Voici la liste, que j'ai établie, des aliments que vous devriez éviter d'offrir à votre bébé avant un certain âge. Cette liste n'est pas exhaustive ; je vous invite à vous référer à chacun des chapitres correspondants pour obtenir plus d'information.

Planification des repas

Le prochain chapitre comporte des menus que j'ai établis pour vous aider dans les premières semaines du sevrage de votre bébé. Les Menus des premières saveurs vous montrent comment sevrer graduellement votre bébé à partir de purées de fruits ou de légumes faites d'un seul ingrédient qui entraîne rarement une réaction allergique. Une fois cette première étape franchie, passez aux Menus des saveurs acceptées qui incluent des combinaisons de purées de fruits et de légumes. Adaptez des recettes en fonction des aliments de saison.

Ces menus ne sont que des guides et varieront selon plusieurs facteurs, dont le poids de votre bébé. Évitez de lui donner des aliments lourds ou plus difficiles à digérer à l'heure du coucher.

Je me suis efforcée de présenter une grande variété de recettes, mais les repas préférés de votre bébé reviendront souvent ; votre congélateur sera commode.

Chacun des chapitres suivants comporte une série de menus pour votre bébé que vous pouvez suivre ou simplement utiliser comme guide. Adaptez les tableaux selon les aliments de saison et ce que vous préparez pour votre famille. Une fois que votre bébé aura atteint l'âge de neuf mois, cuisinez pour l'ensemble de votre famille, en donnant à votre bébé le midi ce que la famille consommera le soir, en autant que vous n'ajoutiez pas de sel à sa portion.

Dans ces derniers tableaux, j'ai établi un menu de quatre repas quotidiens, mais bon nombre de bébés se satisferont de trois repas et de bonnes collations.

Chaque recette comporte les icônes de deux visages : un qui sourit – et l'autre qui est triste –. Utilisez-les pour enregistrer vos succès (ou le contraire !). Certaines recettes comportent également un flocon de neige – indique les repas qui peuvent être congelés.

Quand peuvent-ils consommer...
Gluten (blé, seigle, orge et avoine)
6 mois

Fruits citrins
6 mois

œufs bien cuits
6 à 9 mois

œufs mollets, œufs brouillés bien cuits
à partir d'un an

Ajout de sel
en quantité limitée à partir de 12 mois

Sucre
en quantité limitée à partir de 12 mois

Lait de vache entier (complet) comme boisson principale
12 mois

Miel
12 mois

Pâté
12 mois

Fromages à pâte molle, tels brie/gorgonzola
12 mois

Noix entières/hachées
5 ans

chapitre deux
La première étape
du sevrage

Tel qu'il est mentionné dans le premier chapitre, les départements de santé publiques de la plupart des pays industrialisés préconisent l'allaitement exclusif jusqu'à l'âge de six mois. Or, la plupart des bébés commencent leur sevrage entre quatre et six mois. Chaque bébé est différent, et les signes démontrant que votre bébé est sans doute prêt à consommer des aliments solides sont les suivants :

1. Un boire complet ne lui suffit plus.
2. Il demande à être nourri de plus en plus fréquemment.
3. Il commence à se réveiller la nuit et réclame un boire après une période de nuits de sommeil ininterrompu.
4. Il aime regarder les autres manger.

5. Il est capable de bien tenir sa tête et son cou lorsqu'il se trouve en position assise.

À noter : Le système digestif d'un bébé ne peut absorber des aliments plus complexes que le lait pour bébés avant au moins l'âge de 17 semaines.

Commencez par des purées très lisses et liquides de pommes, poires, carottes, patates douces, pommes de terre ou courge musquée. Vous pouvez aussi mélanger des fruits et des légumes à du riz pour bébés. Ne vous attendez pas à ce que bébé mange beaucoup la première semaine. Ne lui offrez des aliments solides qu'une fois par jour et choisissez un moment où vous êtes tous deux détendus et avez tout votre temps. Il faudra qu'il ait faim, sans toutefois être affamé. Vous devrez peut-être lui donner un peu de lait pour calmer son appétit. Ne vous pressez pas – respectez le rythme de votre bébé.

L'instinct d'une mère est très puissant. Si vous croyez que votre bébé est prêt à manger des aliments solides, vous avez probablement raison. Si, après

quelques tentatives, il semble avoir perdu tout intérêt, attendez quelques jours avant de faire un autre essai. Gardez aussi à l'esprit que la recommandation selon laquelle il faut attendre que bébé ait atteint six mois provient du fait que le lait maternel est stérile, contrairement aux aliments solides, dans certains pays en voie de développement, ce qui peut entraîner des infections.

Les premiers fruits et légumes

Les tout premiers aliments devraient être faciles à digérer et ne pas entraîner de réaction allergique.

Les légumes-racines comme la carotte, la patate douce, le panais et le rutabaga semblent être les plus populaires compte tenu de leur saveur naturellement sucrée et leur texture onctueuse une fois transformés en purée. Les meilleurs premiers fruits sont les pommes, les poires, les bananes et les papayes. Choisissez des fruits mûrs et savoureux ; goûtez-les avant de les servir.

Jusqu'à tout récemment, on recommandait d'introduire chaque nouvel aliment un à un et d'attendre trois jours avant d'en introduire un nouveau. Or, à moins que vous ayez des antécédents familiaux d'allergies à certains aliments, de nouveaux aliments peuvent être introduits des jours consécutifs, en autant que vous vous en teniez à la liste du tableau.

Lorsque vous introduisez de nouveaux aliments, veillez *à ne pas réduire sa consommation de lait*, parce qu'il demeure l'élément essentiel de sa croissance et de son développement.

Il est important de sevrer votre bébé en lui offrant la plus grande variété d'aliments possible. Une fois les premières saveurs acceptées, vous pouvez lui présenter tous les fruits et légumes (voir page 31). Or, portez une attention particulière aux fruits citrins, à l'ananas, aux baies et aux kiwis – certains bébés plus sensibles pourraient avoir de la difficulté à les supporter.

Les meilleurs premiers fruits	Les meilleurs premiers légumes
Pomme	Carotte
Poire	Pomme de terre
Banane*	Rutabaga
Papaye*	Panais
	Citrouille
	Courge musquée
	Patate douce

La banane et la papaye crues peuvent être réduites en purée ou pilées seules ou avec d'autres fruits avec un peu de lait maternel ou maternisé. Les bananes ne conviennent pas à la congélation.

Fruits

Au début, bébé devrait consommer des purées cuites de pommes et de poires ou, non cuites, de bananes ou de papayes pilées. Après quelques semaines, votre bébé peut passer à d'autres fruits tels les melons, les pêches et les prunes.

Les fruits séchés peuvent être introduits, mais en petites quantités. Bien qu'ils soient nutritifs, ils tendent à avoir un effet laxatif. Si la présence de pesticides vous inquiète, vous pouvez vous procurer des fruits et légumes biologiques.

Légumes

Certains parents préfèrent présenter à leur bébé les légumes avant les fruits. Étant donné que la plupart des bébés apprécient les fruits dès le départ, ces parents croient qu'il importe de développer leur goût pour les aliments non sucrés d'abord.

Il est préférable de commencer par des légumes-racines, les carottes en particulier, parce qu'elles sont naturellement sucrées. Différents légumes renferment différentes vitamines et minéraux. Il est donc important d'offrir à bébé une grande variété de légumes aux étapes ultérieures.

De nombreux légumes sont très goûteux – le brocoli en est un –, aussi, une fois que les aliments solides sont relativement bien intégrés dans l'alimentation de bébé, vous pourriez leur ajouter de la pomme de terre ou du riz pour bébé et du lait pour les rendre plus agréables au goût. Les très jeunes bébés aiment bien les aliments assez fades.

Tous les fruits et légumes peuvent aussi être cuits au micro-ondes (voir à la page 18).

Riz

Mélangé à de l'eau, du lait maternel ou maternisé, le riz pour bébé est facile à digérer et sa saveur laiteuse facilite la transition aux aliments solides. Utilisez un riz non sucré et enrichi de vitamines et de fer ; il se marie bien tant aux purées de fruits que de légumes.

Textures

En tout début de sevrage, le mélange riz et purée de fruits ou de légumes devrait être assez liquide. La plupart des légumes doivent donc être très tendres afin qu'ils puissent être réduits en purée facilement. Pour allonger la consistance des purées, ajoutez du lait maternisé ou maternel, du jus de fruits ou un peu d'eau bouillie.

Au fur et à mesure que votre bébé s'habitue, vous pouvez réduire graduellement la quantité de liquide ajoutée, ce qui l'incitera à mâcher un peu ; bébé voudra mâcher ses aliments pendant qu'il perce ses dents (habituellement entre six et douze mois). Vous pouvez aussi *épaissir* les purées, au besoin, avec du riz pour bébés ou des biscottes émiettées. Lorsque les aliments solides seront bien implantés (à l'âge de six mois, environ), des fruits peuvent être servis crus et des légumes cuits moins longtemps (conservant ainsi davantage leur vitamine C).

N'oubliez pas de peler, d'enlever le coeur et d'épépiner les fruits au besoin avant de les faire cuire ou de les réduire en purée. Les légumes fibreux ou à pépins devraient être passés à travers une passoire ou dans un moulin à légumes pour obtenir une texture plus onctueuse. L'enveloppe des légumineuses est indigeste pour les bébés à ce stade-ci.

Quantités

Au début, ne vous attendez pas à ce que votre bébé consomme plus de 1 ou 2 c. à café (à thé) de purée. Il ne vous faudra donc qu'une portion (dans la présente section, une portion équivaut à un ou deux cubes d'un bac à glaçons).

Boissons

L'eau est la boisson par excellence à offrir à votre bébé. Or, le jus d'orange frais contient beaucoup de vitamine C et aide votre enfant à absorber le fer. Si votre bébé réagit au jus d'orange, offrez-lui plutôt du jus de cassis, une partie de jus pour cinq parties d'eau bouillie tiédie. Les jus dilués sont fades pour nos papilles, mais le goût sucré ne manque pas au bébé qui n'y est pas habitué. Essayez d'éviter de lui offrir des boissons sucrées : il pourrait refuser de boire de l'eau.

Si vous achetez des jus de fruits du commerce, ils devraient être non sucrés. Malgré tout, ceux qui sont étiquetés « non sucrés » ou « sans sucre ajouté » contiennent une certaine quantité de sucre et d'acides qui favorisent les caries. Ne laissez pas votre bébé siroter continuellement des liquides à l'exception de l'eau.

Une centrifugeuse est un appareil utile à avoir. Plusieurs fruits et légumes peuvent être transformés en boissons nutritives.

Trucs pour l'introduction des aliments solides

1. Préparez un riz, ou une purée, assez liquide au début en ajoutant du lait maternel ou maternisé, du jus non sucré, ou de l'eau de cuisson. Un truc pratique : mélangez la purée dans le capuchon amovible d'un biberon (stérilisé).

2. Installez votre bébé bien confortablement sur vos genoux ou dans un siège pour bébés. Protégez-vous et votre bébé contre les dégâts potentiels !

3. Choisissez un moment où votre bébé n'est pas affamé. Donnez-lui un peu de lait pour calmer un peu son appétit ; il sera plus réceptif.

4. Les bébés sont incapables de lécher les aliments d'une cuiller avec leur langue. Optez donc pour une petite cuiller de plastique peu profonde à partir de laquelle il pourra prendre une certaine quantité d'aliments avec ses lèvres.

5. Commencez par un repas d'aliments solides par jour, environ 1 ou 2 c. à café (à thé). Personnellement, je préfère les donner le midi.

Fruits et légumes
Les premières saveurs

Pomme

DONNE 5 PORTIONS

Choisissez une variété sucrée de pomme à dessert. Pelez, coupez en deux, enlevez le cœur et hachez 2 pommes de taille moyenne. Mettez-les dans une casserole à fond épais avec 4 à 5 c. à soupe d'eau. Faites cuire à couvert à feu doux jusqu'à ce qu'elles soient tendres (de 7 à 8 minutes). Vous pouvez aussi les faire cuire à la vapeur pendant le même temps. Réduisez en purée. Si vous faites cuire à la vapeur, ajoutez un peu de l'eau bouillie du fond de l'étuveuse pour l'allonger.

POMMES ET CANNELLE

Faites mijoter 2 pommes à dessert dans du jus de pommes avec un bâton de cannelle. Faites cuire comme la recette ci-dessus ; retirez le bâton de cannelle avant de réduire en purée.

Poire

DONNE 5 PORTIONS

Pelez, coupez en deux et enlevez le cœur de 2 poires que vous couperez en petits morceaux. Ajoutez-leur un peu d'eau et faites cuire à feu doux jusqu'à ce qu'elles soient tendres (environ 4 minutes). Vous pouvez aussi les faire cuire à la vapeur pendant le même temps. Réduisez en purée. Après quelques semaines de sevrage, vous pourrez réduire en purée des poires mûres sans les faire cuire au préalable. Pommes et poires se marient très bien.

Banane

DONNE 1 PORTION

Des bananes écrasées sont l'aliment pour bébés idéal. Faciles à digérer, les bananes causent rarement des allergies. Prenez une petite banane mûre et écrasez-la bien à l'aide d'une fourchette jusqu'à ce que la purée soit aussi lisse que possible. Ajoutez-y un peu d'eau bouillie ou de lait pour bébés si elle est trop épaisse et collante, donc difficile à avaler pour bébé.

Si votre bébé a la diarrhée ou a l'estomac dérangé, une diète de bananes pilées, de purée de pommes et de riz pour bébés pendant quelques jours est un bon remède.

Papaye

DONNE 4 PORTIONS

La papaye est un excellent fruit à donner aux très jeunes bébés. Le goût sucré et agréable, sans être trop prononcé, de la papaye donne une purée à texture parfaite en un clin d'œil. La pelure du fruit mûr est jaunâtre.

Coupez une papaye de taille moyenne en deux, retirez-en tous les pépins noirs et, à l'aide d'une cuiller, videz-la de sa chair. Réduisez cette dernière en purée en y ajoutant un peu de lait maternisé ou maternel si vous désirez.

Crème de fruits

DONNE 3 PORTIONS DE PLUS

Mélanger de la purée de fruits à du lait pour bébés et du riz pour bébés ou de la biscotte émiettée aide à la rendre plus agréable au goût pour votre bébé. Dans les mois à venir, votre bébé commencera peut-être à manger des fruits plus exotiques comme les mangues et les kiwis. Cette façon de « diluer » les purées de fruits avec du lait en réduira l'acidité.

Pelez, enlevez le cœur, faites cuire à la vapeur ou bouillir le fruit que vous voulez et réduisez-le en purée et, pour chaque quantité de 4 portions de fruits préparés, vous devriez ajouter 1 c. à soupe de riz pour bébés non parfumé ou la moitié d'une biscotte faible en sucre et 2 c. à soupe de lait pour bébés.

Purée aux trois fruits

DONNE 4 PORTIONS

Cette combinaison de trois des premiers fruits que votre bébé peut manger est délicieuse.

Mélangez 2 c. à café (à thé) chacune de purée de poires et de pommes (voir page 26) avec ½ banane écrasée ou utilisez la moitié d'une poire mûre crue et pelée, cœur enlevé et coupée en morceaux. Réduisez le tout en purée avec la moitié de banane dans un mélangeur jusqu'à consistance lisse. Incorporez ensuite 2 c. à café (à thé) de purée de pommes cuites.

Carottes ou panais

DONNE 4 PORTIONS

Pelez, parez et tranchez 2 carottes ou panais. Mettez-les dans une casserole d'eau légèrement bouillante et laissez-les mijoter 25 minutes. Vous pouvez aussi les faire cuire à la vapeur. Égouttez-les, en conservant le jus de cuisson, et réduisez en purée jusqu'à consistance lisse, en ajoutant du liquide de cuisson au besoin.

Le temps de cuisson des aliments destinés aux bébés est plus long. Lorsque votre bébé pourra mâcher, réduisez le temps de cuisson de moitié afin de préserver la vitamine C et de garder les légumes plus croquants.

Patate douce, rutabaga ou panais

DONNE 4 PORTIONS

Utilisez 1 grosse patate douce, 1 petit rutabaga ou 2 gros panais. Frottez, pelez et hachez en dés. Couvrez d'eau bouillante, couvrez et laissez mijoter 15 à 20 minutes ou cuisez à la vapeur. Égouttez et conservez le liquide de cuisson. Réduisez en purée dans un mélangeur en ajoutant du liquide au besoin.

Pomme de terre

DONNE 10 PORTIONS

Lavez, pelez et hachez 240 g (14 oz) de pommes de terre, couvrez-les d'eau bouillante et faites cuire à feu moyen environ 15 minutes ou faites-les cuire à la vapeur. Ajoutez-y du liquide de cuisson ou du lait pour bébés afin d'obtenir la consistance désirée. Évitez d'utiliser le robot culinaire pour les réduire en purée car il en défait l'amidon et les transforme en pâte collante. Servez-vous plutôt d'un moulin à légumes.

Pour les cuire au four, faites chauffer le four à 200 °C (400 °F) et faites-les cuire de 1 à 1 ¼ heure, ou jusqu'à ce qu'elles soient tendres. Retirez-en la chair à l'aide d'une cuiller et pilez-la avec un peu de lait pour bébés et du beurre.

Crème de carottes

DONNE 2 PORTIONS

Une purée crémeuse peut être préparée à partir d'une variété de légumes en leur ajoutant du lait pour bébés et du riz pour bébés. Réduisez en purée 1 grosse carotte. Cela devrait donner une toute petite quantité, 125 ml (½ tasse). Mélangez 1 c. à soupe de riz pour bébés non parfumé à 2 c. à soupe du lait que votre bébé boit habituellement. Incorporez le mélange de riz pour bébés à la purée de légumes. La moitié d'une biscotte émiettée et mélangée à du lait pour bébés rend aussi une purée crémeuse. Laissez la biscotte amollir dans le lait avant de l'ajouter à la purée de légumes de votre choix.

Courge musquée

DONNE 6 PORTIONS

Pelez une courge musquée pesant environ 360 g (¾ de lb). Épépinez-la et coupez-la en cubes de 2,5 cm (1 po). Faites cuire les cubes à la vapeur ou couvrez-les d'eau bouillante et laissez mijoter environ 15 minutes. Transférez la courge dans un mélangeur et réduisez-la en purée avec un peu de liquide de cuisson.

Fruits et légumes
Une fois les premières saveurs acceptées

Courgette

DONNE 8 PORTIONS

Lavez soigneusement 2 courgettes moyennes, enlevez les extrémités et tranchez-les. (La pelure est tendre, donc il est inutile de la retirer). Faites cuire à la vapeur jusqu'à ce qu'elles soient tendres (environ 10 minutes), réduisez-les ensuite en purée dans un mélangeur ou pilez-les à la fourchette. (Inutile d'ajouter du liquide supplémentaire.) Un bon légume à mélanger avec de la patate douce, des carottes ou du riz pour bébés.

Brocoli et chou-fleur

DONNE 4 PORTIONS

Utilisez 100 g (1 tasse) de l'un des deux. Lavez soigneusement le légume, coupez en petits bouquets et ajoutez ensuite 160 ml (5 oz) d'eau bouillante. Couvrez et laissez mijoter jusqu'à ce qu'il soit tendre (environ 10 minutes). Égouttez et conservez le liquide de cuisson. Pilez jusqu'à l'obtention d'une purée lisse, en ajoutant un peu de liquide de cuisson, ou de lait pour bébés, jusqu'à la consistance souhaitée.

Vous pouvez aussi faire cuire les bouquets à la vapeur 10 minutes pour conserver davantage de saveur et de nutriments. Ajoutez de l'eau de cuisson ou du lait pour bébés pour obtenir une purée lisse. Le brocoli et le chou-fleur s'harmonisent bien avec une sauce au fromage ou une purée de légumes-racines comme la carotte ou la patate douce.

Haricots verts

N'importe quelle variété de haricots verts fait l'affaire, mais les haricots plus petits et plus jeunes sont plus tendres. Parez les haricots et retirez-en les fils. Faites-les cuire à la vapeur jusqu'à ce qu'ils soient tendres (environ 12 minutes) et passez-les au mélangeur. Ajoutez un peu d'eau bouillie ou de lait pour bébés pour obtenir une purée lisse. Les légumes verts comme les haricots verts se combinent bien aux légumes-racines tels que la patate douce ou la carotte.

Pommes de terre, courgettes et brocoli

DONNE 4 PORTIONS

Mélanger de la pomme de terre à des légumes verts rend ces derniers plus agréables au goût pour votre bébé. Pelez et hachez 2 pommes de terre moyennes. Faites-les bouillir dans l'eau sous une étuveuse environ 10 minutes ou jusqu'à ce qu'elles soient tendres. Mettez 25 g (¼ de tasse) de bouquets de brocoli et 50 g (½ tasse) de courgettes tranchées dans le panier de l'étuveuse ; faites cuire à couvert 5 minutes ou jusqu'à ce que tous les légumes soient tendres. Égouttez les pommes de terre et réduisez-les en purée dans un moulin avec les autres légumes, en ajoutant suffisamment de lait pour bébés pour obtenir une consistance lisse.

Trio au brocoli

DONNE 4 PORTIONS

Pelez et hachez 1 patate douce moyenne et faites-la bouillir 5 minutes. Mettez 50 g (½ tasse) chacun de bouquets de brocoli et de chou-fleur dans le panier de l'étuveuse, au-dessus des patates douces. Mettez le couvercle et faites cuire 5 minutes. Lorsque tous les légumes sont tendres, réduisez-les en purée dans un mélangeur avec un peu de beurre et suffisamment de liquide de cuisson pour obtenir la consistance souhaitée.

Carottes et chou-fleur

DONNE 4 PORTIONS

Combiner des légumes les rend plus intéressants et, une fois que votre bébé sera habitué aux carottes et au chou-fleur séparément, cette combinaison fera changement. Faites cuire 50 g (½ tasse) de carottes, grattées et tranchées, dans de l'eau bouillante 20 minutes ou jusqu'à ce qu'elles soient tendres. Après 10 minutes, ajoutez-leur 175 g (1 ½ tasse) de bouquets de chou-fleur. Égouttez les légumes et réduisez-les en purée dans un mélangeur. Incorporez 2 c. à soupe de lait pour bébés à la purée.

Mangue

DONNE 3 PORTIONS

Pelez une mangue bien mûre en retirant le noyau et réduisez la chair en purée. Il n'est pas nécessaire de la faire cuire. Se combine bien avec la banane.

Pêches

DONNE 4 PORTIONS

Portez à ébullition une petite casserole d'eau. Faites une incision en croix peu profonde dans la pelure de 2 pêches ; submergez-les dans l'eau bouillante 1 minute puis dans de l'eau froide. Pelez les pêches et hachez-les après les avoir dénoyautées. Vous pouvez réduire en purée des pêches crues ou les faire attendrir à la vapeur quelques minutes. Pêches et bananes se marient très bien.

Cantaloup

DONNE 6 PORTIONS

Le cantaloup regorge de vitamines A et C. Ne donnez à votre bébé que du melon mûr. Coupez-le en deux, retirez-en les graines, puis la chair que vous réduirez en purée au mélangeur.

D'autres variétés de melon sucré, comme le Galia ou le melon miel, sont aussi très savoureuses. Lorsque votre bébé sera un peu plus vieux, il pourra consommer du melon en morceaux s'il est mûr.

Prunes

DONNE 4 PORTIONS

Pelez 2 grosses prunes mûres de la même façon que les pêches. Réduisez la chair en purée au mélangeur ; les fruits crus peuvent être réduits en purée s'ils sont tendres et juteux. Vous pouvez faire cuire les prunes à la vapeur quelques minutes. Elles se mélangent bien au riz pour bébés, aux bananes et au yogourt.

Abricot, pêche ou prune séchée
DONNE 4 PORTIONS

De nombreux marchés d'alimentation vendent une variété de fruits séchés prêts à manger. Les abricots sont particulièrement nourrissants compte tenu de leur teneur élevée en bêta-carotène et en fer. Évitez les abricots séchés traités au dioxyde de soufre, ou E220, qui aide à conserver la couleur orange vive du fruit. Cette substance peut déclencher des crises d'asthme chez les bébés susceptibles d'en faire.

Couvrez d'eau froide 190 ml (3/4 de tasse) de fruits, portez à ébullition et laissez mijoter jusqu'à ce qu'ils soient tendres (environ 5 minutes). Égouttez, retirez-en les noyaux et passez-les dans un moulin pour en éliminer les pelures. Ajoutez-leur un peu de liquide de cuisson pour obtenir une purée bien lisse.

Cette purée se mélange bien aux riz et lait pour bébés, aux bananes ou aux poires mûres.

Abricots et poires
DONNE 8 PORTIONS

Hachez grossièrement 125 ml (½ tasse) d'abricots prêts à manger et mettez-les dans une casserole avec 2 poires mûres, pelées, le cœur enlevé et coupées en morceaux. Faites cuire, à couvert, à feu doux de 3 à 4 minutes. Réduisez-les en purée dans un mélangeur. Vous pouvez aussi utiliser 4 abricots frais, sucrés, mûrs, pelés, dénoyautés et hachés.

Compote de pomme et raisins secs
DONNE 8 PORTIONS

Faites chauffer 3 c. à soupe de jus d'orange frais dans une casserole. Ajoutez-y 2 pommes à dessert pelées, le cœur enlevé et tranchées, et 1 ½ c. à soupe de raisins secs lavés. Faites cuire à feu doux environ 5 minutes ou jusqu'à ce que les fruits soient ramollis, en ajoutant de l'eau au besoin.

Les fruits séchés tels les abricots et les raisins secs devraient être passés dans un moulin afin d'éliminer les pelures qui sont indigestes pour les bébés.

Pois
DONNE 4 PORTIONS

Les pois surgelés sont tout aussi nutritifs que les frais. Couvrez d'eau 100 g (1 tasse) de pois, portez à ébullition et laissez mijoter, à couvert, 4 minutes. Égouttez et conservez une partie du liquide de cuisson. Passez les pois au moulin ou à travers une passoire et ajoutez-leur un peu de liquide de cuisson pour obtenir la consistance souhaitée. Délicieux combinés à des pommes de terre, des patates douces, du panais ou des carottes. Faites cuire les pois frais de 12 à 15 minutes.

Poivron rouge

DONNE 2 À 3 PORTIONS

Lavez, enlevez le cœur et épépinez un poivron rouge moyen. Coupez-le en quartiers que vous faites griller sous le gril préchauffé du four jusqu'à ce que la pelure soit calcinée. Mettez les quartiers dans un sac de plastique et laissez-les tiédir. Retirez la pelure cloquée et réduisez les quartiers en purée. Celle-ci est bonne servie sur du chou-fleur ou des pommes de terre.

Avocat

DONNE 1 PORTION

Prenez un avocat bien mûr, coupez-le en deux et retirez-en le noyau. Pilez le tiers ou la moitié de la chair d'avocat à la fourchette en ajoutant un peu de lait. À servir rapidement avant que l'avocat ne brunisse. Se combine bien à de la banane pilée.

Ne congelez pas les avocats.

Maïs en épi

DONNE 2 PORTIONS

Épluchez, enlevez la barbe et lavez bien les épis. Couvrez-les d'eau bouillante et laissez-les cuire à feu moyen 10 minutes. Égouttez-les et retirez-en les grains à l'aide d'un couteau tranchant. Réduisez-les en purée à l'aide d'un moulin. Vous pouvez aussi faire cuire des grains de maïs surgelés et les réduire en purée.

Épinards

DONNE 2 PORTIONS

Lavez 500 ml (2 tasses) de feuilles d'épinard en retirant les tiges rigides. Faites-les cuire à la vapeur ou dans une casserole, après les avoir aspergées d'un peu d'eau, jusqu'à ce qu'elles soient flétries. Exprimez délicatement tout excès d'eau. Les épinards accompagnent bien les pommes de terre, les patates douces ou les courges musquées.

Tomates

DONNE 2 À 3 PORTIONS

Plongez 2 tomates moyennes dans de l'eau bouillante 30 secondes. Passez-les sous l'eau froide, pelez-les, épépinez-les et hachez-les grossièrement. Faites fondre un peu de beurre dans une casserole à fond épais et faites ramollir les tomates. Réduisez-les en purée. Elles accompagnent bien les pommes de terre, le chou-fleur et les courgettes.

Pêche et banane ☺☹

Une délicieuse purée à préparer lorsque c'est la saison des pêches. Elles sont une bonne source de vitamine C et faciles à digérer. Les bananes se marient bien aussi aux papayes.

DONNE 1 PORTION

1 pêche mûre, pelée et coupée en petits morceaux
1 petite banane, pelée et tranchée
½ c. à soupe de jus de pommes pur
Riz pour bébés (facultatif)

Mettez les morceaux de pêche, les tranches de banane et le jus de pommes dans une petite casserole, couvrez et laissez mijoter de 2 à 3 minutes. Réduisez en purée dans un mélangeur. Ajoutez un peu de riz pour bébés si la purée est trop liquide.

Pomme et banane au jus d'orange ☺☹

Une variante intéressante de la banane pilée ou de la purée de pommes. Lorsque votre bébé a six mois ou plus, vous pouvez préparer cette recette avec de la pomme râpée et de la banane pilée.

Donne 1 portion

¼ de pomme, pelée, cœur enlevé et hachée
¼ de banane, pelée et hachée
1 c. à café (à thé) de jus d'orange

Faites cuire la pomme à la vapeur jusqu'à ce qu'elle soit tendre (environ 7 minutes). Réduisez-la en purée ou pilez-la avec la banane et le jus d'orange. Servez aussitôt que possible.

Pêches, pommes et poires ❄ ☺ ☹

Si ce n'est pas la saison des pêches, vous pouvez préparer cette recette simplement à partir de pommes et de poires. Si la purée est trop liquide, incorporez-y un peu de riz pour bébés pour l'épaissir.

DONNE 8 PORTIONS

2 pommes à dessert, pelées, cœurs enlevés et hachées
1 gousse de vanille
2 c. à soupe de jus de pommes ou d'eau
2 pêches mûres, pelées dénoyautées et hachées
2 poires mûres, pelées, cœurs enlevés et hachées

Mettez les morceaux de pommes dans une casserole. Fendez sur le long la gousse de vanille à l'aide d'un couteau tranchant et dégagez-en les graines dans la casserole, ajoutez la gousse et le jus de pommes ou l'eau. Laissez mijoter, à couvert, environ 5 minutes. Ajoutez les pêches et les poires et faites cuire de 3 à 4 minutes de plus. Retirez la gousse et réduisez en purée.

Compote de fruits séchés ❄ ☺ ☹

Toutes les qualités nutritives des fruits frais sont concentrées lorsqu'ils sont séchés. Les prunes et les abricots secs sont une bonne source de fer, et les abricots sont aussi riches en bêtacarotène. Leur goût sucré naturel en fait d'excellents premiers aliments et ils se mélangent bien à des fruits frais. Les prunes, un laxatif naturel excellent, se combinent bien aux pommes ou aux poires.

DONNE 6 PORTIONS

125 ml (½ tasse) chacun d'abricots séchés, de pêches séchées et de pruneaux
1 pomme à dessert et 1 poire, pelées, cœurs enlevés et hachées, ou 1 pomme
    et 3 abricots frais, pelés, dénoyautés et hachés

Mettez les fruits séchés, la pomme et la poire (ou les abricots) dans une casserole et couvrez à peine d'eau bouillante. Laissez mijoter environ 8 minutes. Égouttez les fruits et réduisez en purée en ajoutant un peu d'eau de cuisson au besoin.

Bouillon de légumes ❄ ☺ ☹

Le bouillon de légumes est la base de plusieurs recettes aux légumes. Celui-ci devrait se conserver une semaine au réfrigérateur. L'absence d'additifs et de sel de cette recette vaut vraiment la peine d'en préparer pour votre bébé.

Donne environ 1 litre (4 tasses)

1 gros oignon, pelé
125 ml (½ tasse) de carottes, pelées
1 branche de céleri
175 g (1 ½ tasse) de légumes-racines (patates sucrées, rutabaga, panais), pelés
½ poireau
2 c. à soupe de beurre
1 sachet de bouquet garni
1 brin de persil frais
1 feuille de laurier
6 grains de poivre
1 litre (4 tasses) d'eau

Hachez tous les légumes. Faites fondre le beurre dans une grande casserole et faites revenir l'oignon haché 5 minutes. Ajoutez le reste des ingrédients et couvrez d'eau. Portez à ébullition et laissez mijoter environ 1 heure. Filtrez le bouillon dans un tamis et exprimez le jus des légumes à travers une passoire.

Purée de carottes et pois ☺ ☹

Les carottes et les pois ont un goût naturellement sucré qui plaît aux bébés.

Donne 2 portions

200 g (7 oz) de carottes, pelées et tranchées
40 g (⅓ de tasse) de pois surgelés

Mettez les tranches de carottes dans une casserole et recouvrez d'eau bouillante. Couvrez et faites cuire 15 minutes. Ajoutez les pois et faites cuire 5 minutes de plus. Réduisez en purée avec suffisamment de liquide de cuisson pour obtenir une purée lisse.

Céréales pour bébés et légumes ❄ ☺ ☹

Dans la présente recette, le riz pour bébés est un excellent épaississant.

DONNE 6 PORTIONS

2 c. à soupe d'oignon, haché
1 c. à café (à thé) d'huile d'olive
1 courgette, parée et tranchée
50 g (½ tasse) de brocoli
2 carottes moyennes, pelées et tranchées
Bouillon de légumes (facultatif)
50 g (½ tasse) de pois surgelés
3 c. à soupe de riz pour bébés

Faites revenir l'oignon dans l'huile 2 minutes ; ajoutez tous les légumes, sauf les pois surgelés. Couvrez à peine d'eau bouillante ou de bouillon de légumes. Portez à nouveau à ébullition et laissez mijoter 20 minutes. Ajoutez les pois surgelés et laissez cuire 5 minutes de plus. Réduisez en purée en ajoutant de l'eau de cuisson pour obtenir la consistance souhaitée. Incorporez ensuite le riz pour bébés.

Mélange de légumes doux ❄ ☺ ☹

La courge musquée et la citrouille peuvent aussi servir à préparer cette recette.

DONNE 5 PORTIONS

100 g (1 tasse) de carottes, pelées et hachées
100 g (1 tasse) de rutabaga, pelé et haché
100g (1 tasse) de pommes de terre, de courge musquée, ou de citrouille, pelées et hachées
50 g (½ tasse) de panais, pelé et haché
300 ml (1 ¼ tasse) d'eau ou de lait (de vache à partir de six mois)

Mettez les légumes dans une casserole avec l'eau ou le lait. Portez à ébullition, couvrez et laissez mijoter 25 à 30 minutes. Retirez les légumes à l'aide d'une cuiller à égoutter et réduisez-les en purée dans un mélangeur en ajoutant suffisamment d'eau de cuisson pour obtenir la consistance souhaitée.

Purée de cresson, pomme de terre et courgette ❄ ☺ ☹

Le cresson est une excellente source de calcium et de fer. Il se mélange bien à d'autres légumes pour obtenir des purées savoureuses, vert clair. Vous pouvez y ajouter un peu de lait si votre bébé préfère la purée ainsi.

DONNE 6 PORTIONS

1 grosse pomme de terre d'environ 300 g (10 oz), pelée et hachée
300 ml (1 ¼ tasse) de bouillon de légumes (recette à la page 33)
1 courgette moyenne, parée et tranchée
Un petit bouquet de cresson
Un peu de lait (facultatif)

Mettez les morceaux de pomme de terre dans une casserole, couvrez du bouillon et faites cuire 5 minutes. Ajoutez les tranches de courgette et poursuivez la cuisson 5 minutes de plus. Retirez les tiges du cresson, ajoutez-le à la casserole et faites cuire de 2 à 3 minutes. Réduisez en purée les légumes à l'aide d'un moulin à légumes et, si désiré, ajoutez un peu de lait pour obtenir la consistance voulue.

Avocat et banane ou papaye ☺ ☹

Une purée très facile à faire, et les fruits se mélangent très bien.

DONNE 1 PORTION

½ petit avocat
½ petite banane ou ¼ de papaye

Retirez la chair de l'avocat et pilez-la avec la banane ou la papaye jusqu'à consistance lisse. La purée doit être consommée aussitôt faite car l'avocat tend à brunir rapidement.

Courge musquée et poire ❄ ☺ ☹

La courge musquée renferme beaucoup d'antioxydants qui protègent du cancer et stimulent le système immunitaire. Elle est facile à digérer, n'entraîne que rarement des allergies et constitue une excellente source de vitamine A pour une peau en santé et une bonne acuité visuelle. Les bébés apprécient son goût sucré qui se marie bien aux fruits. De plus, la cuisson à la vapeur des fruits et des légumes, comme c'est le cas ici, est l'une des meilleures façons d'en préserver les éléments nutritifs. La courge musquée est aussi délicieuse coupée en deux, épépinée, l'intérieur des moitiés badigeonné de beurre fondu auxquelles on ajoute 1 c. à soupe de jus d'orange frais. Couvrez-les de papier d'aluminium et faites-les cuire au four préchauffé à 180 °C/350 °F/gaz 4, 1 ½ heure ou jusqu'à ce qu'elles soient tendres.

Donne 4 portions

1 courge musquée ou une citrouille moyenne d'environ 450 g (1 lb)
1 poire mûre et juteuse

Pelez la courge musquée, coupez-la en deux, épépinez-la et hachez-la en morceaux. Faites cuire à la vapeur environ 12 minutes. Pelez, retirez le cœur et hachez la poire ; ajoutez les morceaux à l'étuveuse et poursuivez la cuisson 5 minutes ou jusqu'à ce que la courge soit tendre. Réduisez en purée au mélangeur.

Patate douce à la cannelle ❄ ☺ ☹

L'ajout de cannelle apporte une touche sucrée à cette purée que les bébés adorent. Une recette très facile à faire.

Donne 4 portions

1 patate douce d'environ 200 g (6 oz), pelée et coupée en morceaux
Une généreuse pincée de cannelle moulue
1 à 2 c. à soupe de lait pour bébés

Couvrez d'eau les morceaux de patate douce, portez à ébullition et laissez mijoter environ 30 minutes ou jusqu'à ce qu'ils soient tendres. Égouttez et pilez avec la cannelle et une quantité suffisante de lait jusqu'à l'obtention de la consistance souhaitée.

Purée de poireau, patate douce et pois ❄ ☺ ☹

La patate douce est l'aliment pour bébés par excellence : débordante de nutriments, elle est naturellement sucrée et de texture lisse. Optez pour la variété à chair orangée, riche en bêta-carotène. Les légumes surgelés font très bien l'affaire lorsqu'il s'agit de préparer des purées car ils sont surgelés seulement quelques heures après leur cueillette et leur valeur nutritive équivaut presque à celle des légumes frais. Une fois cuits, les légumes surgelés peuvent être congelés à nouveau.

DONNE 5 PORTIONS

150 g (³/₄ de tasse) de poireau, lavé et tranché
400 g (3 ½ tasses) de patates douces, pelées et hachées
300 ml (1 ¼ tasse) de bouillon de légumes
50 g (½ tasse) de pois surgelés

Mettez le poireau et les patates douces dans une casserole, versez-y le bouillon de légumes et portez à ébullition. Couvrez et laissez mijoter 15 minutes. Ajoutez les pois et poursuivez la cuisson 5 minutes. Réduisez en purée au mélangeur.

Menus des premières saveurs

Semaine 1	Au lever	Matin	Midi	Soir	Coucher
Jours 1–2	Lait maternel/ biberon	Lait maternel/ biberon	Lait maternel/ biberon, Riz pour bébés	Lait maternel/ biberon	Lait maternel/ biberon
Jours 3–4	Lait maternel/ biberon	Lait maternel/ biberon	Lait maternel/ biberon Légume-racine (carotte ou patate douce)	Lait maternel/ biberon	Lait maternel/ biberon
Jour 5	Lait maternel/ biberon	Lait maternel/ biberon	Lait maternel/ biberon Poire avec riz pour bébés	Lait maternel/ biberon	Lait maternel/ biberon
Jour 6	Lait maternel/ biberon	Lait maternel/ biberon	Lait maternel/ biberon Pomme	Lait maternel/ biberon	Lait maternel/ biberon
Jour 7	Lait maternel/ biberon	Lait maternel/ biberon	Lait maternel/ biberon Légume (courge musquée ou patate douce)	Lait maternel/ biberon	Lait maternel/ biberon
Semaine 2					
Jours 1–2	Lait maternel/ biberon Pomme ou poire avec riz pour bébés	Lait maternel/ biberon	Lait maternel/ biberon Légume-racine (pomme de terre, panais ou carotte)	Lait maternel/ biberon	Lait maternel/ biberon
Jours 3–4	Lait maternel/ biberon Banane ou papaye	Lait maternel/ biberon	Lait maternel/ biberon **Mélange de légumes doux**	Lait maternel/ biberon	Lait maternel/ biberon
Jours 5–6	Lait maternel/ biberon Pomme ou poire	Lait maternel/ biberon	Lait maternel/ biberon Patate douce, courge musquée ou rutabagae	Lait maternel/ biberon	Lait maternel/ biberon
Jour 7	Lait maternel/ biberon Pêche et banane ou banane pilée	Lait maternel/ biberon	Lait maternel/ biberon Carotte ou carotte et panais	Lait maternel/ biberon	Lait maternel/ biberon

Semaine 3	Au lever	Matin	Midi	Soir	Coucher
Jour 1	Lait maternel/ biberon	Lait maternel/ biberon Banane	Jus dilué ou eau **Mélange de légumes doux**	Lait maternel/ biberon	Lait maternel/ biberon
Jour 2	Lait maternel/ biberon	Lait maternel/ biberon Pomme	Jus dilué ou eau **Mélange de légumes doux**	Lait maternel/ biberon	Lait maternel/ biberon
Jour 3	Lait maternel/ biberon	Lait maternel/ biberon **Pêches, pommes et poires**	Jus dilué ou eau **Trio au brocoli**	Lait maternel/ biberon	Lait maternel/ biberon
Jour 4	Lait maternel/ biberon	Lait maternel/ biberon **Crème de fruits**	Jus dilué ou eau **Courge musquée et poire**	Lait maternel/ biberon	Lait maternel/ biberon
Jour 5	Lait maternel/ biberon	Lait maternel/ biberon **Crème de fruits**	Jus dilué ou eau **Courge musquée et poire**	Lait maternel/ biberon	Lait maternel/ biberon
Jour 6	Lait maternel/ biberon	Lait maternel/ biberon Banane ou papaye	Jus dilué ou eau **Pommes de terre, courgettes et brocoli**	Lait maternel/ biberon	Lait maternel/ biberon
Jour 7	Lait maternel/ biberon	Lait maternel/ biberon Poire ou riz pour bébés	Jus dilué ou eau **Purée de carottes et pois**	Lait maternel/ biberon	Lait maternel/ biberon

Ces menus ne constituent que des suggestions et dépendent de plusieurs facteurs dont le poids du bébé. Certains bébés se satisferont d'un repas d'aliments solides par jour, tandis que d'autres réclameront un deuxième repas le soir. Le texte en gras indique des recettes présentées dans le livre.

Menus des saveurs acceptées

	Au lever	Matin	Midi	Soir	Au coucher
Jour 1	Lait maternel/ biberon	Lait maternel/ biberon **Purée aux trois fruits**	**Purée de poireau, patate douce et pois** Lait maternel/ biberon	**Carottes et chou-fleur** Eau ou jus dilué*	Lait maternel/ biberon
Jour 2	Lait maternel/ biberon	Lait maternel/ biberon **Purée aux trois fruits**	**Purée de poireau, patate douce et pois** Lait maternel/ biberon	**Mélange de légumes doux** Eau ou jus dilué	Lait maternel/ biberon
Jour 3	Lait maternel/ biberon	Lait maternel/ biberon Poire et céréales pour bébés	**Trio au brocoli** Lait maternel/ biberon	Patate douce Eau ou jus dilué*	Lait maternel/ biberon
Jour 4	Lait maternel/ biberon	Lait maternel/ biberon **Pommes et cannelle**	**Céréales pour bébés et légumes** Lait maternel/ biberon	Patate douce Eau ou jus dilué	Lait maternel/ biberon
Jour 5	Lait maternel/ biberon	Lait maternel/ biberon Mangue et céréales pour bébés	**Avocat et banane** Lait maternel/ biberon	**Purée de carottes et pois** Eau ou jus dilué*	Lait maternel/biberon
Jour 6	Lait maternel/ biberon	Lait maternel/ biberon Banane	**Purée de cresson, pomme de terre et courgette** Lait maternel/ biberon	**Trio au brocoli** Eau ou jus dilué*	Lait maternel/biberon
Jour 7	Lait maternel/ biberon	Lait maternel/ biberon **Pomme et banane au jus d'orangée**	**Purée de cresson, pomme de terre et courgette** Lait maternel/ biberon	**Trio au brocoli** Eau ou jus dilué*	Lait maternel/biberon

Ces menus ne constituent que des suggestions et dépendent de plusieurs facteurs dont le poids du bébé. Certains bébés réussiront à manger des fruits après les repas du midi et du soir.

* Les jus de fruits doivent être dilués, soit un volume de jus pour trois volumes d'eau. L'eau bouillie fraîche peut très bien remplacer les jus.

	Au lever	Matin	Midi	Après-midi	Soir	Au coucher
Jour 1	Lait maternel/ biberon Céréales pour bébés - Banane pilée	Lait maternel/ biberon	**Purée de poireau, patate douce et pois** Eau ou jus dilué*	Lait maternel/ biberon	Carottes - Poire ou pêche Eau ou jus dilué*	Lait maternel/ biberon
Jour 2	Lait maternel/ biberon - Céréales pour bébés **Compote de pomme et raisins secs**	Lait maternel/ biberon	Avocat et banane Eau ou jus dilué *	Lait maternel/ biberon	**Purée de carottes et pois** Melon cantaloup haché finement - Eau ou jus dilué*	Lait maternel/ biberon
Jour 3	Lait maternel/ biberon Céréales pour bébés Mangue et banane	Lait maternel/ biberon	**Patate douce à la cannelle** Eau ou jus dilué*	Lait maternel/ biberon	**Pommes de terre, courgettes et brocoli** Yogourt - Eau ou jus dilué*	Lait maternel/ biberon
Jour 4	Lait maternel/ biberon Céréales pour bébés - Yogourt	Lait maternel/ biberon	**Trio au brocoli** Eau ou jus dilué*	Lait maternel/ biberon	**Mélange de légumes doux** Mangue ou papaye Eau ou jus dilué*	Lait maternel/ biberon
Jour 5	Lait maternel/ biberon - Céréales pour bébés **Pêches, pommes et poires**	Lait maternel/ biberon	**Trio au brocoli** Eau ou jus dilué*	Lait maternel/ biberon	**Mélange de légumes doux -** Bâtonnets de pain grillé Yogourt - Eau ou jus dilué*	Lait maternel/ biberon
Jour 6	Lait maternel/ biberon Céréales pour bébés **Pêches, pommes et poires**	Lait maternel/ biberon	**Purée de cresson, pomme de terre et courgettes** Eau ou jus*	Lait maternel/ biberon	**Purée de poireau, patate douce et pois** Banane Eau ou jus dilué*	Lait maternel/ biberon
Jour 7	Lait maternel/ biberon Céréales pour bébés **Abricots et poires**	Lait maternel/biberon	**Purée de carottes et pois** Eau ou jus dilué*	Lait maternel/ biberon	**Purée de cresson, pomme de terre et courgettes - Pêche et banane** Eau ou jus dilué*	Lait maternel/ biberon

chapitre trois
La deuxième étape
du sevrage

Entre l'âge de six et neuf mois, votre bébé se développe rapidement. Un bébé de six mois a besoin d'être supporté physiquement pendant qu'il est nourri et, plus souvent qu'autrement, n'a pas encore de dents. Un bébé de neuf mois, cependant, est habituellement assez fort pour s'asseoir dans une chaise d'enfant pendant ses repas et il a déjà quelques dents. Les bébés de huit mois aiment bien manger avec leurs doigts des légumes, crus ou cuits, des pâtes ou des fruits crus. (Voir pages 95-97) Les bébés viennent au monde avec une réserve de fer valable pendant environ six mois. Par la suite, ils doivent s'en remettre à leur alimentation pour obtenir le fer dont ils ont besoin. Le bébé qui ne consomme pas au moins 565 ml (2 ¼ tasses) de lait maternel ou maternisé par jour risque de ne pas consommer la quantité de fer quotidienne recommandée. Il est particulièrement important que la boisson courante de votre bébé avant qu'il atteigne un an ne soit pas du lait de vache étant donné que celui-ci ne contient pas autant de fer ou de vitamines que le lait maternisé.

Moins de lait, meilleur appétit

Lorsque votre bébé est âgé de sept ou huit mois, vous pouvez commencer à diminuer la quantité de lait qu'il consomme afin qu'il ait meilleur d'appétit pour ses aliments solides. Cependant, entre six mois et un an, les bébés devraient boire de 500 à 750 ml (16 à 24 oz) de lait maternel ou maternisé par jour. De plus, vous pouvez lui donner d'autres produits laitiers et lui offrir de l'eau, du jus de fruits dilué ou des tisanes faibles en sucre pendant ses repas s'il a soif.

Il est préférable de mettre seulement du lait maternisé ou du lait maternel ou de l'eau dans le biberon de votre bébé. Suçoter des boissons sucrées est la cause principale de carie dentaire chez les jeunes enfants. Procurez-vous une tasse avec un couvercle, un bec souple et des poignées faciles à tenir pour votre bébé lorsqu'il aura atteint six mois. Il existe aussi des tasses d'apprentissage conçues pour aider votre bébé à passer facilement et graduellement des becs souples aux tasses sans couvercle.

Laissez l'appétit de votre bébé déterminer la quantité d'aliments qu'il consomme et ne le forcez jamais à manger quelque chose qu'il n'aime vraiment pas. Ne lui en offrez pas pendant un certain temps et essayez à nouveau après quelques semaines.

Souvenez-vous qu'à cet âge-là, il est normal pour les bébés d'être assez gras. Aussitôt que votre bébé se

Si bébé boit moins de 600 ml (21 oz) de lait par jour, utilisez-en pour préparer des recettes. Aussi, un petit pot de yogourt pour enfant, ou un morceau de fromage de la taille d'une petite boîte d'allumettes, équivaut à 60 ml (2 oz) de lait.

mettra à se traîner à quatre pattes et à marcher, il perdra son poids excédentaire.

Les jeunes enfants ont besoin de calories pour assurer leur croissance. Offrez-leur du lait complet et évitez les produits laitiers réduits en matières grasses jusqu'à l'âge de deux ans.

Le choix des aliments

Votre bébé peut dorénavant manger des protéines comme des œufs, du fromage, des légumineuses, du poulet et du poisson. Limitez la consommation d'aliments qui peuvent être indigestes comme les épinards, les lentilles, le fromage, les baies ou les fruits citrins, et ne vous inquiétez pas si certains aliments comme les légumineuses, les pois et les raisins secs passent par le système digestif de votre enfant sans être digérés : avant deux ans, les bébés ne peuvent pas digérer entièrement l'enveloppe des légumes et la pelure des fruits. Bien sûr, peler, piler et réduire en purée les fruits et légumes aidera à les rendre plus digestes. Dans le cas d'aliments comme le pain, la farine, les pâtes et le riz, optez pour les grains entiers (plutôt que raffinés) parce qu'ils renferment davantage d'éléments nutritifs.

Lorsque votre bébé aura passé l'étape des six mois, il est inutile de continuer à lui donner des céréales pour bébés. Donnez-lui des céréales pour adultes telles que gruau instantané, graham et *Chex*, qui sont tout aussi nutritives et coûtent beaucoup moins cher. Choisissez une céréale qui n'est pas surtraitée, mais faible en sucre et en sel. Bien des gens achètent des aliments pour bébés parce qu'ils sont faciles à préparer. Ils croient aussi que, compte tenu de la longue liste de vitamines et de minéraux qui apparaît sur la boîte, ils sont plus nutritifs. Or, les bébés dont l'alimentation est équilibrée et composée d'une variété d'aliments frais consomment une quantité adéquate de vitamines et de minéraux. De plus, les aliments pour bébés du commerce sont surtraités et leur texture plus fine et leurs saveurs fades nuisent au développement des papilles gustatives.

Méfiez-vous aussi des biscuits de dentition du commerce : ils renferment de grandes quantités de sucre (souvent la quantité n'est même pas spécifiée dans la liste des ingrédients). Donnez à votre bébé du pain grillé à mâchouiller ou préparez la recette de biscuits de dentition sous la rubrique des recettes d'aliments à prendre avec les doigts pour les bébés de neuf à douze mois (page 95).

Il est très difficile de déterminer la grosseur idéale des portions. Les quantités requises par un bébé peuvent varier énormément de celles d'un autre. Leur taux métabolique peut différer, tout comme leur degré d'activité. Les calories des repas préparés par leurs parents respectifs peuvent aussi varier considérablement. À sept mois, bébé devrait idéalement consommer trois bons repas par jour.

Faites peser votre bébé régulièrement. Si vous constatez que sa croissance suit une ligne centile de sa courbe de croissance et qu'elle ne croise pas de lignes supérieures ou inférieures, c'est que les quantités de nourriture qu'il consomme sont adéquates. La croissance d'un bébé peut parfois chuter d'une ou deux lignes et suivre une ligne inférieure, ce qui mène à un taux de croissance anormal et l'incapacité du bébé de réaliser son plein potentiel génétique.

Fruits

Votre bébé devrait être en mesure maintenant de consommer tous les fruits, et les fruits frais autant que les fruits séchés font d'excellentes collations. Les fruits contiennent différentes vitamines ; veillez donc à lui en offrir une grande variété. Les fruits séchés sont également une bonne source d'autres éléments nutritifs et d'énergie. Assurez-vous de les dénoyauter avant de les lui donner et n'offrez pas de raisins entiers aux bébés car ils risquent de s'étouffer.

La vitamine C favorise l'absorption du fer ; il est donc important d'inclure des fruits citrins et des baies qui sont riches en vitamine C dans l'alimentation de votre enfant. Du jus d'orange dilué dans des céréales le matin est une bonne idée. Le jus d'orange se combine bien aux aliments tels que les carottes, le poisson et le foie.

Au début, donnez à bébé de petites quantités de baies et de fruits citrins car les bébés peuvent avoir de mauvaises réactions. Mélangez-les plutôt à d'autres fruits plus neutres. Ceci se produit rarement, mais surveillez bien votre bébé lorsqu'il en consomme, surtout s'il y a des antécédents familiaux d'allergies, d'eczéma ou d'asthme.

Légumes

Votre bébé peut maintenant consommer tous les légumes, mais si certaines saveurs – comme celle des épinards ou du brocoli – sont trop prononcées, mélangez-les avec une sauce au fromage ou avec des légumes-racines comme de la patate douce, des carottes ou des pommes de terre. Les combinaisons légumes et fruits sont aussi excellentes. Les légumes cuits à la vapeur comme carottes ou chou-fleur se mangent très bien avec les doigts.

Les légumes surgelés sont soumis au processus de congélation tout de suite après leur cueillette, ils conservent donc toutes leurs valeurs nutritives. Utilisez-les donc pour préparer vos purées. Vous pouvez utiliser les légumes surgelés pour préparer les purées de bébé destinées à la congélation et les placer au congélateur sans danger.

Œufs

Les œufs sont une excellente source de protéines et contiennent aussi du fer et du zinc. Les bébés peuvent en consommer dès l'âge de six mois, mais ne les servez pas crus ou mollets à des bébés de moins d'un an

compte tenu du risque de salmonelle. Le blanc et le jaune doivent être cuits jusqu'à ce qu'ils soient fermes. Les œufs durs, les omelettes et les œufs brouillés bien cuits se préparent rapidement et sont nutritifs.

Les régimes végétariens

Un régime végétarien peut très bien convenir aux bébés et aux tout-petits, pourvu qu'il soit bien équilibré et qu'il ne contienne pas trop de fibres. Les enfants tolèrent mal les régimes élevés en fibres parce qu'ils contiennent peu de calories et de gras essentiels, et aussi parce que les fibres entravent l'absorption du fer. Les nutriments à surveiller attentivement sont les protéines, le fer, le zinc et les vitamines B, que renferme habituellement la viande. Vous trouverez ci-dessous une liste des aliments qui devraient faire partie de l'alimentation d'un bébé végétarien :

Produits laitiers, œufs, haricots, lentilles, céréales pour petit-déjeuner enrichies, légumineuses, soja (par ex. tofu), légumes verts, fruits séchés.

Poisson

Un grand nombre d'enfants développent en grandissant une aversion pour le poisson. Vous pouvez remédier à ce problème en le combinant à des saveurs plus relevées comme du fromage ou des fines herbes.

Les poissons gras (saumon, maquereau, thon frais et sardines) sont particulièrement importants pour le développement du cerveau et des yeux. Idéalement, votre bébé devrait consommer du poisson deux fois par semaine.

La cuisson idéale du poisson est lorsqu'il se défait aisément sous les dents d'une fourchette, mais qu'il est encore ferme. Surveillez bien les arêtes.

Les purées préparées contenant du poisson sont difficiles à trouver. Or, les poissons gras sont importants pour le développement du cerveau de bébé, de son système nerveux et de sa vue, et devraient être servis deux fois par semaine. Les gras constituent une composante importante du cerveau ; 50 p. cent des calories du lait maternel sont composées de gras.

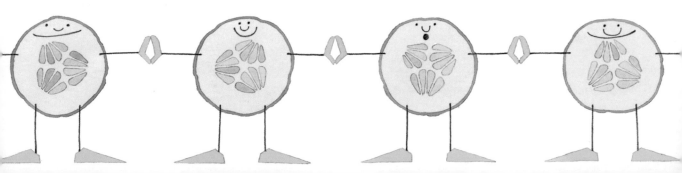

Viande

Le poulet constitue la première viande idéale. Il se mélange bien aux fruits et aux légumes-racines qui donnent à la purée une texture lisse. Le bouillon de poulet est à la base de plusieurs recettes ; préparez-en donc de grandes quantités. Il se conserve au réfrigérateur de 3 à 4 jours. Or, évitez d'utiliser du bouillon surgelé dans la préparation de purées destinées à être congelées. Vous pouvez vous procurer dans le commerce du bouillon non salé prêt-à-utiliser.

Servez toutes les parties du poulet : la viande brune du poulet contient deux fois plus de fer et de zinc que la viande blanche.

L'anémie causée par une carence en fer est le problème nutritionnel le plus courant pendant les premières années de l'enfance, mais les symptômes sont parfois difficiles à reconnaître. Votre bébé peut être plus fatigué et pâle et plus sujet à souffrir d'infection, ou sa croissance et son développement peuvent sembler ralentir. La viande rouge constitue la meilleure source de fer, surtout le foie qui est idéal pour les bébés à cause de sa texture moelleuse et sa facilité à être digéré. Les bébés trouvent souvent les viandes rouges difficiles à mastiquer. Essayez de les combiner à des légumes-racines ou à des pâtes qui aident à obtenir une texture beaucoup plus lisse et plus facile à avaler.

Le fer est essentiel au développement du cerveau entre l'âge de six mois et deux ans. Les réserves de fer, que bébé obtient de sa mère, s'épuisent à environ l'âge de six mois. La taille du cerveau des bébés triple au cours de la première année et une carence en fer peut avoir une incidence négative sur la capacité d'apprentissage. L'apport quotidien en fer d'un bébé sur cinq âgé entre dix et douze mois est inférieur aux niveaux souhaités.

Pâtes

Les pâtes alimentaires comptent parmi les aliments préférés des bébés et des bambins. Elles sont une bonne source de glucides. Pour inciter bébé à mâcher, ajoutez de petites pâtes de différentes formes à sa purée à partir de l'âge de huit mois. Plusieurs purées de légumes font d'excellentes sauces pour pâtes auxquelles vous pouvez ajouter un peu de fromage râpé. Achetez de petites pâtes de formes différentes comme des étoiles ou des coquilles (voir page 208).

Essayez aussi le couscous dont la texture tendre est idéale pour les bébés. Il cuit rapidement et se marie bien au poulet et aux légumes en dés.

Textures

Les bébés nourris exclusivement de purées en pots ont souvent beaucoup de difficulté à passer des aliments homogènes et lisses à ceux qui contiennent des morceaux plus gros comme des pois entiers.

La transition se fait trop brusquement pour ces bébés. Introduisez différentes textures aussitôt que possible, car plus ils vieillissent, plus les bébés ont du mal à accepter de la nourriture qui comporte des morceaux. La transition vers des repas en famille est difficile, les bambins développent des problèmes alimentaires et sont capricieux. En apprêtant vous-même vos aliments, vous pouvez très graduellement introduire des morceaux dans l'alimentation de votre bébé.

Les muscles utilisés pour mastiquer servent aussi à la parole : la mastication aidera donc votre bébé à développer son langage. Même s'il n'a que quelques dents, il peut mastiquer avec ses gencives.

Épaississez d'abord les purées avant de leur ajouter des petites pâtes, du riz ou du couscous. Vous pouvez aussi écraser une portion des aliments de bébé et l'ajouter à de la purée, en augmentant graduellement la portion des aliments écrasés par rapport à la partie réduite en purée. Ajoutez des morceaux de légumes hachés très mous pour qu'il puisse les écraser avec ses gencives en mâchant. Des œufs brouillés bien cuits sont une autre bonne façon de lui faire découvrir les textures. Offrir à un bébé de cet âge des aliments qu'il peut prendre avec ses doigts contribuera à lui apprendre à manger des morceaux d'aliments. Des rôties taillées en languettes, des bâtonnets de légumes partiellement cuits à la vapeur, de petits morceaux de fromage, de la pomme râpée, des galettes de riz, etc., font de bons croque-en-doigts.

Le problème des aliments biologiques en pots est leur teneur moins élevée en vitamines et en minéraux naturels comparativement aux aliments frais. Des études ont démontré que les bébés nourris uniquement avec des aliments biologiques sont davantage à risque de souffrir d'une carence en fer puisque l'ajout de fer dans ces aliments est interdit. Un enfant nourri exclusivement d'aliments pour bébés biologiques consommerait 20 p. cent moins de fer qu'un bébé nourri d'aliments non biologiques.

L'alimentation des prématurés

Les enfants nés avant 37 semaines de gestation sont présumés être prématurés. Ils requièrent un plus grand apport de fer et de zinc puisque le corps de bébé ne commence à les emmagasiner que pendant les dernières semaines de grossesse. Donnez-leur de bonnes quantités d'aliments comme du fromage, de l'avocat et de la pomme de terre.

Fruits

Banane en fête ☺☹

Les bébés adorent les bananes et cette recette est délicieuse. Succulente servie avec de la crème glacée à la vanille.

DONNE 1 PORTION

1 c. à café (à thé) de beurre
1 petite banane, pelée et tranchée
Une pincée de cannelle moulue
2 c. à soupe de jus d'orange frais

Faites fondre le beurre dans un petit poêlon. Ajoutez, en remuant, les tranches de banane, saupoudrez d'un peu de cannelle et faites revenir 2 minutes. Versez le jus d'orange frais et poursuivez la cuisson 2 minutes. Pilez à l'aide d'une fourchette.

Banane et bleuets (myrtilles) ☺☹

Les bananes se marient bien à de nombreux fruits. Essayez-en aussi avec les pêches, les mangues, les abricots séchés ou les prunes. Vous pouvez aussi mélanger vos combinaisons banane et autre fruit avec du yogourt nature entier. Servez la purée aussitôt prête avant que la banane ne brunisse.

DONNE 1 PORTION

25 g (¼ de tasse) de bleuets (myrtilles)
1 c. à soupe d'eau
1 petite banane mûre, pelée et tranchée

Mettez les bleuets (myrtilles) et l'eau dans une casserole et faites cuire environ 2 minutes ou jusqu'à ce que les fruits commencent à fendre. Mélangez à l'aide d'un batteur à main, avec la banane tranchée, jusqu'à consistance lisse.

Purée de pêche, pomme et fraises

❄ ☺ ☹

Vous pouvez aussi préparer une purée de pomme, fraises et bleuets (myrtilles) en remplaçant la pêche par 65 ml (¼ de tasse) de bleuets (myrtilles).

DONNE 2 PORTIONS

1 grosse pomme, pelée, cœur enlevé et hachée
1 grosse pêche mûre, pelée, dénoyautée et hachée
75 g (¾ de tasse) de fraises coupées en deux
1 c. à soupe de riz pour bébés

Faites cuire les morceaux de pomme à la vapeur environ 4 minutes. Ajoutez les morceaux de pêche et les moitiés de fraises dans l'étuveuse et poursuivez la cuisson environ 3 minutes. Réduisez les fruits cuits en une purée lisse et ajoutez, en remuant, le riz pour bébés.

Pommes, abricots et tofu ☺ ☹

Le tofu, qui se présente comme du lait caillé, est fait de lait de soja. Il s'agit d'une très bonne source de protéines si vous songez à offrir un menu végétarien à votre bébé. Le tofu étant également une excellente source de calcium, en ajouter à des purées de fruits ou de légumes est une bonne façon d'augmenter l'apport en calcium des bébés qui sont allergiques au lait de vache.

DONNE 2 PORTIONS

2 pommes à couteau, pelées, cœurs enlevés, hachées
6 abricots séchés, hachés
75 g (3 oz) de tofu mou

Combinez les pommes et les abricots dans une casserole et les couvrir d'eau. Portez à ébullition, réduisez le feu, couvrez et laissez mijoter pendant environ 5 minutes. Réduisez en purée à l'aide d'un mélangeur plongeur avec le tofu.

Purée d'abricots, pomme et pêche

 ☺ ☹

Les abricots séchés sont une forme concentrée de nutriments. Ils sont riches en fer, en potassium et en bêta-carotène, et les bébés aiment leur saveur sucrée.

Donne 5 portions

75 g (²/₃ de tasse) d'abricots séchés, prêts à manger
2 pommes à dessert, pelées, cœurs enlevés et hachées
1 grosse pêche mûre, pelée, dénoyautée et hachée, ou 1 poire mûre, pelée, cœur enlevé et hachée

Mettez les abricots dans une petite casserole et couvrez d'eau. Faites cuire à feu doux 5 minutes. Ajoutez les morceaux de pommes et poursuivez la cuisson 5 minutes. Réduisez en purée avec la pêche ou la poire.

Yogourt et fruits ☺☹

Il est important de veiller à ce qu'en plus de consommer des fruits et des légumes, votre bébé absorbe une quantité suffisante de gras. Des recettes comme les légumes en sauce au cheddar et des fruits mélangés à du yogourt grec sont excellentes pour votre bébé.

Donne 1 portion

1 fruit frais, par exemple 1 pêche mûre, 1 petite mangue, ou une combinaison de mangue et de banane
2 c. à soupe de yogourt nature de lait entier
Un peu de sirop d'érable (facultatif)

Pelez le fruit, dénoyautez-le au besoin, pilez la chair et mélangez au yogourt. Sucrez d'un peu de sirop d'érable si nécessaire.

Légumes

Lentilles aux légumes ❄ ☺ ☹

Les lentilles sont une source économique de protéines. Elles procurent aussi du fer, un élément très important du développement du cerveau, surtout entre six mois et deux ans. Les lentilles peuvent être difficiles à digérer pour les bébés et devraient être combinées à une grande quantité de légumes frais comme dans la recette ci-dessous. Cette délicieuse purée constitue aussi une savoureuse soupe pour toute la famille – il suffit d'y ajouter plus de bouillon et des assaisonnements.

DONNE 8 PORTIONS

¼ d'un petit oignon, haché finement
100 g (1 tasse) de carottes, hachées
15 g (¼ de tasse) de céleri, haché
1 c. à soupe d'huile végétale
4 c. à soupe de lentilles rouges cassées
220 g (½ lb) de patates douces, pelées et hachées
440 ml (1 ¾ tasse) de bouillon de légumes ou de poulet (voir recettes aux pages
*   38 ou 76) ou de l'eau*

Faites revenir l'oignon, les carottes et le céleri dans l'huile végétale environ 5 minutes ou jusqu'à ce qu'ils soient ramollis. Ajoutez les lentilles et la patate douce ; versez le bouillon ou l'eau. Portez à ébullition, réduisez le feu, couvrez et laissez mijoter 20 minutes. Réduisez en purée au mélangeur.

Tomates et carottes au basilic ❄ ☺ ☹

Si vous offrez à votre bébé de nouvelles saveurs lorsqu'il est tout petit, vous multipliez les chances qu'il soit moins capricieux plus tard.

DONNE 4 PORTIONS

125 g (¼ de lb) de carottes, pelées et tranchées
100 g (1 tasse) de bouquets de chou-fleur
1 1/2 c. à soupe de beurre
225 g (½ lb) de tomates mûres, pelées, épépinées et hachées grossièrement
2 à 3 feuilles de basilic frais
50 g (½ tasse) de cheddar, râpé

Mettez les tranches de carottes dans une petite casserole, couvrez-les d'eau bouillante, mettez le couvercle et laissez mijoter 10 minutes. Ajoutez le chou-fleur, couvrez et faites cuire 7 à 8 minutes, en ajoutant de l'eau au besoin. Pendant ce temps, faites fondre le beurre, ajoutez les tomates et faites revenir jusqu'à ce qu'elles soient ramollies. Incorporez, en remuant, les feuilles de basilic et le fromage jusqu'à ce qu'il soit fondu. Réduisez en purée les carottes et le chou-fleur avec environ 3 c. à soupe du liquide de cuisson et la sauce tomate.

Patate douce au four à l'orange ❄ ☺ ☹

Les patates douces sont excellentes cuites au four conventionnel ou au micro-ondes. Elles sont une bonne source de glucides, de vitamines et de minéraux.

DONNE 8 PORTIONS

1 patate douce, brossée
2 c. à soupe de jus d'orange frais
2 c. à soupe de lait

Faites cuire la patate douce sur une tôle à biscuits dans un four à 200 °C /400 °F/ gaz 6, environ 1 heure ou jusqu'à ce qu'elle soit tendre. Laissez tiédir légèrement et retirez-en la chair à l'aide d'une cuiller. Réduisez en purée ou pilez avec le jus d'orange et le lait jusqu'à consistance lisse.

Patate douce, épinards et pois ❄ ☺ ☹

Cette purée est une délicieuse introduction aux épinards pour votre bébé.

DONNE 5 PORTIONS

1 ¼ c. à soupe de beurre
50 g (¾ de tasse) de poireau, haché finement
1 patate douce d'environ 400 g (13 oz), pelée et hachée
220 ml (7 oz) d'eau
50 g (½ tasse) de pois surgelés
75 g (¾ de tasse) d'épinards miniatures frais, lavés et tiges rigides retirées

Faites fondre le beurre dans une casserole et faites revenir le poireau 2 à 3 minutes, ou jusqu'à ce qu'il soit ramolli. Ajoutez la patate douce. Ajoutez l'eau, portez à ébullition, couvrez et laissez mijoter 7 à 8 minutes. Ajoutez les pois et les épinards et faites cuire 3 minutes. Réduisez les légumes en purée dans un mélangeur jusqu'à l'obtention de la consistance désirée pour votre bébé.

Purée de légumes doux ❄ ☺ ☹

Ces légumes devraient être réduits en purée à l'aide d'un moulin parce que leur enveloppe est indigeste.

Donne 3 portions

2 c. à soupe d'oignon, haché
75 g (³/₄ de tasse) de carottes, pelées et hachées
1 c. à soupe d'huile d'olive
150 g (1 ¼ tasse) de pommes de terre, pelées et hachées
200 ml (7 oz) d'eau
2 c. à soupe de grains de maïs surgelés
1 c. à soupe de pois surgelés

Faites frire l'oignon et les carottes doucement dans l'huile 5 minutes. Incorporez les pommes de terre, ajoutez l'eau, portez à ébullition, couvrez et laissez mijoter 10 minutes. Ajoutez le maïs et les pois et laissez mijoter environ 5 minutes. Réduisez en purée à l'aide d'un moulin.

Trio de chou-fleur, poivron rouge et maïs ❄ ☺ ☹

Passez le maïs au moulin afin d'éliminer les enveloppes coriaces.

Donne 4 portions

100 g (1 tasse) de petits bouquets de chou-fleur
125 ml (½ tasse) de lait
50 g (½ tasse) de cheddar, râpé
25 g (½ tasse) de poivron rouge, haché
75 g (½ tasse) de grains de maïs surgelés

Mettez le chou-fleur dans une petite casserole avec le lait et faites cuire à feu doux environ 8 minutes. Incorporez, en remuant, le cheddar râpé jusqu'à ce qu'il soit fondu. Pendant ce temps, faites cuire à la vapeur ou dans de l'eau le poivron et le maïs dans une petite casserole environ 6 minutes. Égouttez le maïs et le poivron. Réduisez en purée avec le chou-fleur, le lait et le fromage.

Chou-fleur au fromage ❄ ☺ ☹

C'est un des plats préférés des tout-petits. Essayez avec différents fromages (ou une combinaison) pour trouver celui que préfère votre bébé. La sauce au fromage accompagne bien aussi une jardinière de légumes.

Donne 15 portions

175 g (1 ½ tasse) de chou-fleur en fleurettes

Sauce au fromage
1 c. à soupe de beurre
1 c. à soupe de farine
150 ml (5 oz) de lait
50 g (½ tasse) de fromage râpé : cheddar, édam ou gruyère

Lavez soigneusement le chou-fleur et cuisez à la vapeur environ 10 minutes, pour attendrir. Pour la sauce, faites fondre la margarine à feu doux dans une casserole à fond épais, puis incorporez la farine. Ajoutez le lait et remuez jusqu'à épaississement. Retirez la casserole du feu et incorporez le fromage. Remuez pour bien faire fondre le fromage et obtenir une sauce homogène.

Ajoutez le chou-fleur à la sauce et, pour les bébés plus jeunes, réduisez en purée au mélangeur. Pour les bébés plus âgés, écrasez à la fourchette ou hachez en petits morceaux.

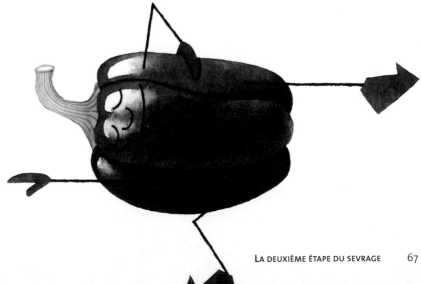

Gratin de courgettes ❄ ☺ ☹

Cette purée crémeuse se prépare également très bien avec des haricots verts ou du brocoli.

DONNE 6 PORTIONS

1 pomme de terre moyenne, pelée et hachée
175 g (1 ½ tasse) de courgettes, tranchées
Un peu de beurre
40 g (⅓ de tasse) de cheddar ou de suisse, râpé
4 c. à soupe de lait

Faites cuire la pomme de terre dans de l'eau bouillante jusqu'à ce qu'elle soit tendre. Faites cuire à la vapeur les courgettes 8 minutes. Égouttez la pomme de terre, ajoutez le beurre et le fromage, et remuez jusqu'à ce qu'ils soient fondus. Réduisez en purée le mélange de pomme de terre, de courgettes et le lait à l'aide d'un mélangeur à main électrique.

Purée de poireaux et pommes de terre ❄ ☺ ☹

Cette purée de légumes était la préférée de Lara. Elle donne une excellente soupe pour adultes lorsqu'on y ajoute des assaisonnements.

DONNE 4 PORTIONS

2 c. à soupe de beurre
125 g (1 ½ tasse) de poireaux, tranchés finement
250 g (1 lb) de pommes de terre, pelées et hachées
300 ml (1 ¼ tasse) de bouillon de poulet (voir à la page 62)
2 c. à soupe de yogourt grec

Faites chauffer le beurre dans une casserole à fond épais. Ajoutez les poireaux et faites ramollir à feu doux 10 minutes, en remuant de temps à autre. Ajoutez les cubes de pommes de terre et le bouillon, couvrez et laissez mijoter 25 à 30 minutes, jusqu'à ce qu'elles soient tendres. Réduisez en purée et ajoutez le yogourt grec.

Soupe de courgettes et de pois ❄ ☺ ☹

La première fois que j'ai essayé cette combinaison de légumes, la purée de bébé était tellement bonne que j'ai aussi préparé une délicieuse soupe pour le reste de la famille. Il suffit d'augmenter les quantités et d'ajouter davantage de bouillon et des assaisonnements.

DONNE 4 PORTIONS

½ oignon, pelé et haché finement
1 c. à soupe de beurre ou de margarine
50 g (½ tasse) de courgettes, parées et coupées en tranches minces
1 pomme de terre moyenne, pelée et hachée
125 ml (½ tasse) de bouillon de poulet ou de légumes (voir pages 76 et 38)
25 g (¼ de tasse) de pois surgelés

Faites revenir l'oignon dans le beurre ou la margarine jusqu'à ce qu'il soit ramolli. Ajoutez les courgettes, la pomme de terre et le bouillon. Portez à ébullition, couvrez et laissez mijoter doucement 12 minutes. Ajoutez les pois surgelés, portez à ébullition, baissez le feu et laissez cuire 5 minutes. Réduisez en purée dans un mélangeur.

Minestrone ❄ ☺ ☹

Les légumes de cette soupe ajoutent de la consistance, mais sont agréables et tendres à mâcher pour votre bébé. Or, pour les bébés plus jeunes, vous pourriez passer cette soupe au mélangeur jusqu'à l'obtention de la consistance souhaitée. Ajoutez-y un peu d'assaisonnement et plus de bouillon pour obtenir une délicieuse soupe pour le reste de la famille.

DONNE 4 PORTIONS D'ADULTE OU 12 PORTIONS DE BÉBÉ

1 c. à soupe d'huile végétale
½ petit oignon, pelé et haché finement
½ poireau, partie blanche seulement, lavée et hachée finement
1 carotte moyenne, pelée et coupée en dés
½ branche de céleri, coupée en dés
100 g (1 tasse) de haricots verts, coupés en morceaux de 1,25 cm (½ po)
1 pomme de terre, pelée et coupée en dés
1 c. à soupe de persil frais, haché finement
2 c. à café (à thé) de concentré de tomate
1,25 litre (5 tasses) de bouillon de poulet ou de légumes (voir pages 76 et 38)
3 c. à soupe de pois surgelés
50 g (⅓ de tasse) de très petites pâtes alimentaires

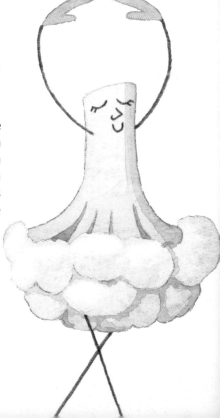

Faites chauffer l'huile dans un poêlon et faites revenir l'oignon et le poireau 2 minutes. Ajoutez ensuite la carotte, le céleri, les haricots verts, la pomme de terre et le persil et faites revenir 4 minutes. Incorporez, en remuant, le concentré de tomate et faites cuire 1 minute. Versez le bouillon de poulet ou de légumes, couvrez et laissez mijoter 20 minutes. Ajoutez les pois surgelés et les pâtes et faites cuire 5 minutes (vérifiez la durée de cuisson des pâtes sur l'emballage).

Poisson

Poisson succulent sauce au fromage et légumes ❄ ☺ ☹

DONNE 6 PORTIONS

15 g (1 c. à soupe) de beurre
60 g (1 tasse) de poireaux, rincés et tranchés mince
1 carotte moyenne, pelée et hachée
60 g (½ tasse) de bouquets de brocoli
40 g (½ tasse) de pois surgelés
150 g (5 oz) de filets de morue, sans peau
150 ml (5 oz) de lait
3 grains de poivre
1 feuille de laurier

SAUCE AU FROMAGE
1 ½ c. à soupe de beurre
1 c. à soupe de farine
45 g (½ tasse) de cheddar, râpé

Faites fondre le beurre dans une casserole, ajoutez les poireaux et faites revenir pendant 3 minutes. Ajoutez la carotte hachée, couvrir d'eau bouillante et laisser cuire pendant 12 minutes. Ajoutez le brocoli et faites cuire pendant 5 minutes. Incorporez les pois et faites cuire à feu doux pendant 3 à 4 minutes .

Entre-temps, mettez le poisson dans une poêle avec le lait, les grains de poivre et la feuille de laurier. Laissez mijoter pendant 4 minutes ou jusqu'à ce que le poisson soit cuit. Égouttez et réservez le liquide. Jetez le poivre et la feuille de laurier.

Pour préparer la sauce, faites fondre le beurre dans une poêle, ajoutez-y la farine en remuant et faites cuire pendant 1 minute. Incorporez graduellement au fouet le lait de cuisson du poisson. Portez à ébullition et laissez mijoter, en remuant sans arrêt jusqu'à l'obtention d'une sauce onctueuse. Retirez du feu et incorporez le fromage en brassant jusqu'à ce qu'il soit fondu.

Égouttez les légumes et mélangez-les au poisson émietté et à la sauce au fromage. Pourvu que les légumes soient tendres, cette recette peut être servie écrasée ou hachée pour les bébés plus vieux qui commencent à mastiquer. Réduisez-la en purée jusqu'à la consistance voulue pour les bébés plus jeunes.

Saumon aux carottes et tomates
❄ ☺ ☹

Donne 4 portions

225 g (½ lb) de carottes, pelées et hachées
150 g (5 oz) de filet de saumon
½ c. à soupe de lait (ou pour couvrir le saumon – voir méthode ci-dessous)
2 c. à soupe) de beurre
2 tomates mûres, pelées, épépinées et hachées
40 g (½ tasse) de cheddar, râpé

Mettez les carottes dans une marguerite au-dessus d'une casserole d'eau bouillante et faites cuire pendant 15 à 20 minutes. Entre-temps, mettez le poisson dans un plat allant au four micro-ondes, ajoutez-y le lait, parsemez de la moitié du beurre et couvrez partiellement. Faites cuire au four micro-ondes à puissance maximale pendant 1 ½ à 2 minutes. Vous pouvez aussi mettre le saumon dans une casserole, le couvrir de lait et le laisser mijoter pendant 4 minutes ou jusqu'à ce qu'il soit cuit.

Faites fondre le reste du beurre dans une casserole, ajoutez-y les tomates et faites-les revenir jusqu'à ce qu'elles soient ramollies. Retirez la casserole du feu et incorporez le fromage en brassant jusqu'à ce qu'il soit fondu. Mélangez les carottes cuites au mélange à la tomate. Égouttez le jus de cuisson de poisson, enlevez la peau et vérifiez qu'il n'y a pas d'arêtes.

Émiettez le poisson et mélangez-le aux carottes et tomates.

Les poissons gras comme le saumon sont les meilleures sources d'acides gras essentiels pour le développement du cerveau (la taille du cerveau de bébé triple pendant sa première année de vie). Un régime riche en acides gras essentiels peut aider les enfants dyslexiques et ceux qui souffrent de THADA et de dyspraxie. Bon nombre d'aliments sont aujourd'hui enrichis d'oméga-3 ; or, ceux-ci sont souvent de source végétale plutôt que dérivés d'huile de poisson et s'y retrouvent en quantités trop faibles pour comporter suffisamment de bienfaits. Utilisez donc des sources naturelles.

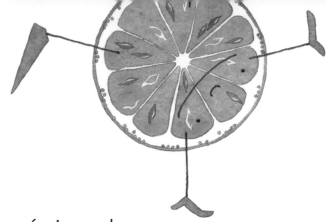

Filet de plie aux épinards et au fromage ❄ ☺ ☹

*Donne **8** portions*

250 g (½ lb) de plie, filetée et sans peau
1 c. à soupe de lait
1 feuille de laurier
Quelques grains de poivre
Un peu de beurre
175 g (1 tasse) d'épinards frais ou 75 g (½ tasse) d'épinards surgelés

Sauce au fromage
2 c. à soupe de beurre
2 c. à soupe de farine
190 ml (¾ de tasse) de lait
50 g (½ tasse) de fromage suisse, râpé

Mettez le filet de plie dans un plat approprié avec le lait, la feuille de laurier, les grains de poivre et le beurre. Faites cuire au micro-ondes à intensité maximale environ 3 minutes, ou faites pocher dans une casserole 3 à 4 minutes dans le lait prévu pour la sauce (passez le lait ensuite et utilisez pour faire la sauce). Pendant ce temps, faites cuire les épinards frais dans une casserole avec un tout petit peu d'eau environ 3 minutes. Exprimez l'excès d'eau. Préparez la sauce au fromage (voir recette de la page 59). Jetez la feuille de laurier et les grains de poivre, effeuillez le poisson et réduisez en purée avec les épinards et la sauce au fromage.

Filet de morue et patate douce ❄ ☺ ☹

La chair de la patate douce est une excellente source de bêta-carotène qui contribue peut-être à prévenir certains types de cancer.

DONNE 8 PORTIONS

225 g (1 lb) de patates douces, pelées
75 g (3 oz) de morue, filetée et sans peau
2 c. à soupe de lait
Un peu de beurre
Le jus d'une orange

Mettez la patate douce dans une casserole, couvrez à peine d'eau, portez à ébullition, et laissez mijoter, à couvert, 20 minutes. Mettez le poisson dans un plat approprié, ajoutez le lait, parsemez de beurre, couvrez et faites cuire au micro-ondes à intensité maximale 2 minutes. Le filet peut également être poché dans du lait et du beurre 6 à 7 minutes. Mettez les patates douces cuites, le poisson égoutté et le jus d'orange dans un mélangeur et réduisez en purée jusqu'à consistance lisse.

Filet de poisson à la sauce à l'orange ☺ ☹

DONNE 5 PORTIONS

250 g (1 lb) de poisson blanc, fileté et sans peau
Le jus d'une orange
40 g (½ tasse) de cheddar, râpé
2 c. à soupe de persil frais, finement haché
25 g (1 tasse) de flocons de maïs (Corn Flakes), écrasés
Un peu de margarine

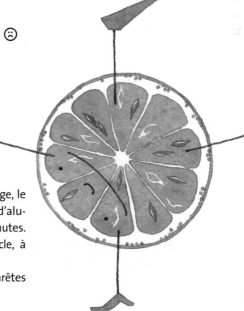

Mettez le poisson dans un plat graissé, ajoutez-y le jus d'orange, le fromage, le persil et les flocons de maïs, et parsemez de margarine. Couvrez de papier d'aluminium et faites cuire au four préchauffé à 180 °C/350 °F/gaz 4 environ 20 minutes. Le poisson peut aussi être cuit au micro-ondes dans un plat avec couvercle, à intensité maximale, 4 minutes.

Effeuillez soigneusement le poisson tout en veillant à ce qu'il n'y ait pas d'arêtes et pilez le tout avec le liquide de cuisson.

Poulet

Bouillon de poulet et ma première purée de poulet ❄ ☺ ☹

Les cubes de bouillon de poulet ne conviennent pas aux bébés de moins d'un an compte tenu de leur teneur élevée en sel. Voilà pourquoi je préfère préparer du bouillon de poulet moi-même et m'en servir comme base pour les purées de poulet et de légumes. Il se garde au réfrigérateur 3 jours. Pour les bébés de plus d'un an, vous pouvez ajouter 3 cubes de bouillon de poulet pour obtenir un goût plus prononcé. Au lieu de faire bouillir une volaille, vous pouvez vous servir de la carcasse d'un poulet rôti.

DONNE ENVIRON 4 LITRES (16 TASSES)

1 grosse volaille à bouillir, avec les abats
4 litres (16 tasses) d'eau
2 panais
3 grosses carottes
2 poireaux
2 gros oignons
1 branche de céleri
2 brins de persil frais
1 sachet de bouquet garni

Coupez le poulet en 8 morceaux en enlevant tout excès de gras. Parez, pelez et lavez les légumes. Mettez les morceaux de poulet dans une grande marmite avec les abats. Couvrez des 4 litres (16 tasses) d'eau, portez à ébullition et écumez la surface du bouillon pendant la cuisson. Ajoutez les légumes, le persil et le sachet de bouquet garni, et laissez mijoter environ 3 heures. Il est préférable de retirer les poitrines de poulet après environ 1 ½ heure de cuisson si elles vont être mangées, sinon, elles risquent d'être desséchées. Laissez le bouillon refroidir au réfrigérateur toute la nuit et retirez le gras figé à la surface le lendemain matin. Passez le poulet et les légumes dans une passoire pour obtenir le bouillon de poulet. Rectifiez l'assaisonnement.

Vous pouvez réduire en purée une partie de la poitrine de poulet dans un moulin avec certains des légumes avec lesquels le poulet a cuit et du bouillon pour obtenir une purée de poulet et légumes.

Poulet et fromage cottage ☺☹

Les bébés de cet âge sont trop jeunes pour manger des morceaux de poulet entiers. Cette recette et les deux suivantes transforment le poulet froid en repas délicieux pour eux.

DONNE 6 PORTIONS

50 g (2 oz) de poulet cuit désossé, haché
1 c. à soupe de yogourt nature
1 ½ c. à soupe de fromage cottage avec ananas

Mélangez ensemble poulet, yogourt et fromage cottage. Passez le tout à la moulinette pour faire une purée homogène.

Purée de salade de poulet ❄ ☺ ☹

Il n'y a rien de plus simple que cette recette ! Pour les bambins, hachez simplement les ingrédients et remplacez le yogourt par de la mayonnaise ou une sauce à salade.

DONNE 1 PORTION

25 g (1 oz) de poulet désossé, cuit
1 tranche de concombre, pelée et hachée
1 petite tomate, pelée et hachée
50 g (2 oz) d'avocat, pelé et haché
1 c. à soupe de yogourt nature

Mettez tous les ingrédients dans un mélangeur et réduisez-les en purée jusqu'à l'obtention de la consistance désirée. Servez-la immédiatement.

Poulet, patate douce et pomme

Une purée à la consistance lisse et au goût sucré qui plaît aux bébés.

DONNE 4 PORTIONS

1 c. à soupe de beurre

40 g (⅓ de tasse) d'oignon, haché

110 g (¼ de lb) de poitrine de poulet, hachée

1/2 pomme à dessert, pelée et hachée

1 patate douce d'environ 330 g (11 oz), pelée et hachée

200 ml (7 oz) de bouillon de poulet (voir page 76)

Faites fondre le beurre dans une casserole, ajoutez l'oignon et faites revenir 2 à 3 minutes. Ajoutez le poulet et faites revenir jusqu'à ce qu'il devienne opaque. Ajoutez la demi-pomme, la patate douce et le bouillon. Portez à ébullition, couvrez et laissez mijoter 15 minutes. Réduisez en purée jusqu'à l'obtention de la consistance désirée.

Poulet tout-en-un facile ❄ ☺ ☹

La purée idéale pour faire découvrir le poulet aux bébés.

DONNE 2 PORTIONS

½ petit oignon, pelé et haché

1 c. à soupe de beurre

110 g (¼ de lb) de poitrine de poulet, coupée en gros morceaux

1 carotte moyenne, pelée et tranchée

275 g (10 oz) de patate douce, pelée et hachée

300 ml (1 ¼ tasse) de bouillon de poulet (voir page 76)

Faites revenir l'oignon dans le beurre jusqu'à ce qu'il soit ramolli. Ajoutez les morceaux de poulet et faites revenir pendant 3 à 4 minutes. Ajoutez les légumes et le bouillon, portez à ébullition, couvrez et laissez mijoter pendant environ 30 minutes ou jusqu'à ce que le poulet soit complètement cuit et que les légumes soient tendres. Réduisez en purée jusqu'à l'obtention de la consistance voulue.

Poulet en sauce tomate ❄ ☺ ☹

25 g (¼ de tasse) d'oignon, haché
100 g (1 tasse) de carottes, tranchées mince
1 ½ c. à soupe d'huile végétale
1 petite poitrine de poulet, en cubes
1 pomme de terre, pelée et hachée
220 ml (7 oz) de tomates hachées en conserve
150 ml (5 oz) de bouillon de poulet (voir recette à la page 76)

Faites revenir l'oignon et les tranches de carottes dans l'huile jusqu'à ce qu'ils soient tendres ; ajoutez le poulet et la pomme de terre et poursuivez la cuisson 3 minutes. Versez par-dessus les tomates avec le bouillon de poulet. Portez à ébullition et laissez cuire à feu doux 30 minutes ou jusqu'à ce que les morceaux de pomme de terre soient tendres. Réduisez en purée à l'aide d'un moulin ou, pour les bébés de neuf mois ou plus, hachez dans un mélangeur. Ajoutez un peu de lait pour obtenir une consistance plus lisse.

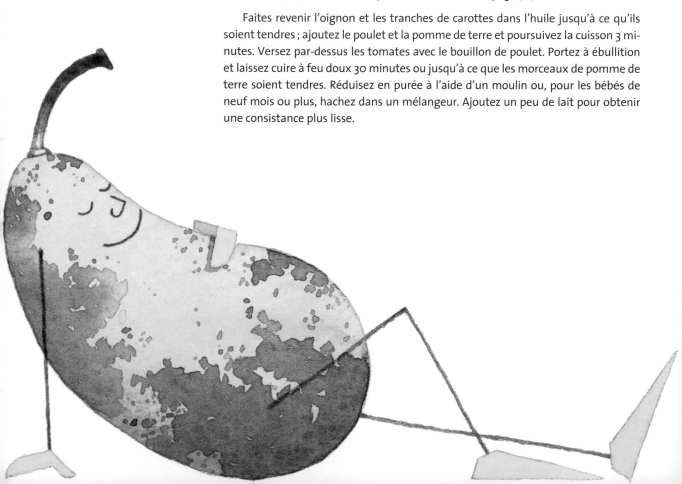

Poulet fruité aux abricots ❄ ☺ ☹

Les bébés aiment le mariage poulet et fruits. Les abricots séchés comptent parmi les meilleurs aliments santé de Dame Nature. Ils sont une bonne source de bêta-carotène, de fer et de potassium, et le processus d'assèchement en augmente la concentration. Ils font aussi d'excellents croque-en-doigts. Cette recette est succulente servie seule ou accompagnée de 4 c. à soupe de pâtes ou de riz cuits.

DONNE 3 PORTIONS

2 c. à café (à thé) d'huile d'olive légère
½ petit oignon, haché
1 petite gousse d'ail, écrasée
75 g (3 oz) de poitrine de poulet, coupée en morceaux
3 abricots séchés, hachés
150 ml (5 oz) de coulis de tomates
150 ml (5 oz) de bouillon de poulet (voir page 76) ou d'eau

Faites chauffer l'huile dans une poêle et faites revenir l'oignon pendant environ 5 minutes ou jusqu'à ce qu'il soit ramolli. Ajoutez l'ail et faites cuire pendant 1 minute. Ajoutez les morceaux de poulet et faites-les revenir pendant 2 à 3 minutes pour bien en sceller la saveur. Ajoutez les abricots, le coulis de tomates et le bouillon ou l'eau. Portez à ébullition, couvrez et laissez mijoter pendant environ 5 minutes.

Viande rouge Bœuf braisé aux patates douces
❄ ☺ ☹

DONNE 6 PORTIONS

1 ½ c. à soupe de beurre ou margarine
1 poireau, rincé à l'eau et tranché
125 g (¼ de lb) de bifteck à braiser, coupé en cubes
1 c. à soupe de farine
125 g (¼ de lb) de champignons, tranchés
275 g (10 oz) de patate douce, pelée et hachée
250 ml (1 tasse) de bouillon de poulet (voir page 76)
Le jus d'une orange (environ 125 ml/½ tasse)

Dans une grosse cocotte à l'épreuve du feu, faites fondre le poireau dans le beurre. Enfarinez la viande, ajoutez-la au poireau et faites dorer. Ajoutez les patates douces, le bouillon et le jus d'orange. Portez à ébullition, couvrez et faites cuire au four préchauffé à 180 °C/350 °F/gaz 4, 1 ½ heure et réduisez en purée.

Purée de foie et légumes ❄ ☺ ☹

DONNE 6 PORTIONS

90 g (3 oz) de foie de veau, ou 2 foies de poulet
125 ml (½ tasse) de bouillon de poulet (voir recette à la page 76)
25 g (½ tasse) de poireau, partie blanche seulement, hachée
25 g (⅓ de tasse) de champignons, hachés
50 g (½ tasse) de carottes, hachées
1 pomme de terre, pelée
Un peu de beurre
½ c. à soupe de lait

Parez et hachez le foie et faites-le cuire dans le bouillon avec le poireau, les champignons et les carottes environ 8 minutes à feu doux. Faites bouillir la pomme de terre jusqu'à ce qu'elle soit tendre et pilez-la avec le beurre et le lait. Réduisez en purée le foie et les légumes et mélangez à la pomme de terre pilée.

Pâtes

Étoiles aux tomates et aux courgettes ❄ ☺ ☹

Cette délicieuse sauce pour pâtes se prépare en 10 minutes ou moins.

DONNE 3 PORTIONS

25 g (¼ de tasse) de pâtes en forme d'étoile, non cuites
75 g (¾ de tasse) de courgettes, parées et coupées en cubes
1 ½ c. à soupe de beurre
3 tomates moyennes, pelées, épépinées et hachées
4 c. à soupe de cheddar, râpé

Faites cuire les pâtes selon les directives sur l'emballage ou plus longtemps pour les petits bébés. Faites revenir les courgettes dans le beurre environ 5 minutes. Ajoutez les tomates et faites cuire à feu doux 5 minutes. Retirez du feu et incorporez en brassant le fromage jusqu'à ce qu'il soit fondu. Réduisez en purée au mélangeur et ajoutez les pâtes.

Sauce aux légumes et au fromage ❄ ☺ ☹

70 g (¾ de tasse) de carottes, pelées et tranchées
40 g (⅓ de tasse) de brocoli
1 ½ c. à soupe de beurre
2 c. à soupe de farine
190 ml (¾ de tasse) de lait
50 g (½ tasse) de cheddar, râpé

Faites cuire à la vapeur les carottes 10 minutes ; ajoutez les bouquets de brocoli et faites cuire 7 minutes de plus. Pendant ce temps, faites fondre le beurre dans une petite casserole et ajoutez en remuant la farine pour obtenir une pâte épaisse. Ajoutez graduellement le lait, portez à ébullition et continuez de remuer jusqu'à épaississement de la sauce. Laissez mijoter 1 minute. Retirez du feu et ajoutez en remuant le fromage râpé. Ajoutez les légumes cuits à la sauce au fromage et réduisez en purée. Nappez de petites pâtes de la sauce.

Petites pâtes avec sauce bolognaise junior ❄ ☺ ☹

DONNE 3 PORTIONS

1 c. à soupe d'huile d'olive
1 petit oignon, pelé et haché
1 gousse d'ail, pelée et écrasée
1 carotte moyenne, pelée et râpée
½ branche de céleri, hachée finement
110 g (¼ de lb) de bœuf haché maigre
3 tomates moyennes, pelées et hachées
½ c. à soupe de concentré de tomate
190 ml (¾ de tasse) de bouillon de poulet non salé
3 c. à soupe de très petites pâtes

Faites revenir l'oignon, l'ail, la carotte et le céleri dans l'huile 5 minutes. Ajoutez le bœuf haché et faites dorer. Incorporez les tomates, la pâte de tomate et le bouillon. Portez à ébullition et laissez mijoter 15 minutes. Faites cuire les pâtes selon les directives sur l'emballage. Réduisez la sauce en purée au mélangeur, égouttez les pâtes et mélangez-les à la sauce.

Sauce tomate et basilic ❄ ☺ ☹

DONNE 2 PORTIONS DE SAUCE
1 c. à soupe de beurre
2 c. à soupe d'oignon, haché
150 g (5 oz) de tomates mûres, pelées, épépinées et hachées
2 feuilles de basilic frais, déchiquetées
2 c. à café (à thé) de fromage à la crème

Faites fondre le beurre dans une casserole et faites revenir l'oignon jusqu'à ce qu'il soit tendre. Ajoutez les tomates et faites revenir 3 minutes ou jusqu'à ce qu'elles soient ramollies. Ajoutez le basilic et le fromage, en remuant, et faites chauffer. Réduisez en purée dans un mélangeur.

Sauce napolitaine ❄ ☺ ☹

DONNE 4 PORTIONS DE SAUCE

1 c. à soupe d'huile d'olive
½ petit oignon, pelé et haché
½ gousse d'ail, pelée et écrasée
50 g (½ tasse) de carottes, pelées et hachées
200 ml (7 oz) de passata (coulis de tomates)
3 c. à soupe d'eau
2 feuilles de basilic frais, grossièrement déchiquetées
1 c. à café (à thé) de parmesan, râpé
1 c. à café (à thé) de fromage à la crème

Faites chauffer l'huile d'olive et faites revenir l'oignon, l'ail et les carottes 6 minutes. Ajoutez la passata, l'eau, le basilic et le parmesan. Couvrez et laissez mijoter 15 minutes. Réduisez la sauce en purée et incorporez, en remuant, le fromage à la crème. Mélangez aux pâtes et servez.

Pâtes Popeye ❄ ☺ ☹

DONNE 4 PORTIONS

100 g (2 tasses) d'épinards surgelés ou 225 g (4 tasses) d'épinards frais, lavés et hachés
40 g (⅓ de tasse) de petites pâtes (comme les pâtes pour les soupes), non cuites
1 c. à soupe de beurre
2 c. à soupe de lait
2 c. à soupe de fromage à la crème
50 g (½ tasse) de fromage suisse, râpé

Faites cuire les épinards surgelés selon les directives sur l'emballage, ou faites bouillir les épinards frais dans un peu d'eau, environ 5 minutes. Exprimez l'excès d'eau. Faites cuire les pâtes selon les directives sur l'emballage. Faites fondre le beurre et faites revenir les épinards cuits. Mélangez avec le lait et les fromages et hachez fin dans un robot culinaire. Mélangez aux pâtes cuites.

Menus de la deuxième étape du sevrage

	Matin	Collation	Midi	Collation	Soir	Au coucher
Jour 1	Weetabix dans du lait Banane pilée Lait	Lait	**Poulet, patate douce et pomme** Fruit* Jus	Lait	**Purée de poireaux et pommes de terre Purée d'abricots, pomme et pêche** Eau ou jus	Lait
Jour 2	Gruau instantané avec lait Purée de fruits Lait	Lait	**Saumon aux carottes et tomates** Banane pilée Jus	Lait	**Soupe de courgettes et de pois** Yogourt Eau ou jus	Lait
Jour 3	Purée de pommes et céréales pour bébés Rôtie Lait	Lait	**Chou-fleur au fromage** Fruit Jus	Lait	**Bœuf braisé aux patates douces** Biscotte Eau ou jus	Lait
Jour 4	Céréales pour bébés **Banane et bleuets** Fromage frais Lait	Lait	**Lentilles aux légumes** Pêche et riz Jus	Lait	**Minestrone** Rôtie Eau ou jus	Lait

* Votre bébé devrait pouvoir tenir et manger des morceaux de fruits tendres.

	Matin	Collation	Midi	Collation	Soir	Au coucher
Jour 5	Weetabix dans du lait **Purée de pêche, pomme et fraises** Lait	Lait	Pâtes avec **Sauce aux légumes et fromage Banane en fête** Jus	Lait	**Petites pâtes avec sauce bolognaise junior** Purée de poires Eau ou jus	Lait
Jour 6	Céréales pour bébés dans du lait **Purée de pêche, pomme et fraises** Lait	Lait	**Tomates et carottes au basilic** Fruit Jus	Lait	**Filet de poisson sauce à l'orange** Fruit Eau	Lait
Jour 7	Gruau dans du lait **Yogourt et fruits** Lait	Lait	**Patate douce, épinards et pois Purée d'abricots, pomme et pêche** Jus	Lait	**Poulet tout-en-un facile Purée d'abricots, pomme et pêche** Eau ou jus	Lait

chapitre quatre
De neuf à douze mois

Vers la fin de sa première année, bébé prend beaucoup moins de poids. Souvent, les bébés qui mangeaient bien deviennent difficiles à nourrir.

Autant que possible, installez votre bébé dans sa chaise haute et donnez-lui à manger à la table. Essayez de réunir tous les membres de la famille pour les repas et faites-en des moments agréables. En voyant tout le monde autour de lui prendre plaisir à manger, il voudra sans doute en faire autant.

Cette étape peut être difficile pour bien des parents : les bébés s'accommodent mal des aliments qui comportent des morceaux et, bien qu'ils ratent souvent leur cible, préfèrent manger d'eux-mêmes. Chose intéressante, alors que bon nombre de bébés refusent tout ce qui comporte des morceaux, ils vont se faire un plaisir de mâchouiller des croque-en-doigts comme des bâtonnets de carotte ou de concombre ou des quartiers de fruits. Donnez-leur des Boulettes de poulet et pomme (page 122), des Boulettes au saumon (page 120) ou des Sucettes aux fruits frais (page 108), merveilleux pour les gencives douloureuses.

Patience à l'heure des repas

Permettez à votre bébé de se servir d'une cuiller. La grande majorité des aliments vont probablement aboutir sur vous ou sur le plancher, mais plus vous lui permettrez de faire ses expériences, plus il maîtrisera rapidement l'art de se nourrir par lui-même. Disposez une petite bâche de plastique sous sa chaise haute pour récupérer la nourriture. Il est probablement préférable d'avoir deux bols d'aliments, et deux cuillers : un bol dont vous vous servirez pour nourrir votre bébé

et un autre (de préférence un bol qui tient par succion à la table) avec lequel il pourra s'amuser. Il vous faudra faire preuve de beaucoup de patience car les bébés tendent à être facilement distraits pendant cette phase et vont probablement préférer jouer avec leur nourriture que la manger. Si rien ne fonctionne, attirez l'attention de votre bébé en lui donnant un petit jouet.

Plusieurs bambins « s'effondrent » tout juste avant le repas du soir. C'est le moment idéal pour leur offrir des légumes coupés. S'ils n'ont pas grignoté autre chose, ils auront faim et seront plus susceptibles de les manger. S'ils n'ont plus faim pour leur repas, ils auront tout de même fait le plein de légumes. Un enfant qui n'aime pas les légumes cuits les aime peut-être crus ; offrez donc les deux. Les enfants préfèrent souvent croquer dans une carotte entière ou un gros morceau de concombre plutôt que de manger des légumes et des fruits coupés en petits morceaux.

Continuez de donner du lait maternel ou maternisé à votre enfant comme breuvage principal, car le lait de vache ne contient pas tous les nutriments essentiels. Or, au fur et à mesure que sa consommation d'aliments solides augmentera, votre enfant boira moins de lait. Il devrait en boire environ 565 ml (2 ¼ tasses) par jour (ou l'équivalent en produits laitiers ou dans la cuisson). C'est une source importante de protéines et de calcium. Bon nombre de mères présument que lorsque leur bébé pleure, il veut davantage de lait. Or, plus souvent qu'autrement, les bébés de cet âge boivent trop de lait et ne mangent pas suffisamment d'aliments solides. Si l'estomac de votre bébé est rempli de lait alors qu'il désire des aliments solides, il ne sera pas très satisfait.

Bien qu'il soit préférable de créer un climat de détente pendant les repas, certains bébés mangeront mieux s'ils peuvent avoir un jouet simple (lavable) à portée de main dans leur chaise haute. Certains bébés sont beaucoup plus faciles à nourrir lorsqu'ils peuvent tenir quelque chose dans leurs mains, comme une cuiller.

Si vous possédez une centrifugeuse, vous pouvez lui préparer une grande variété de jus de fruits et de légumes. Votre bébé devrait boire à la tasse à cette étape-ci. Le biberon de lait chaud devrait être réservé pour l'heure du coucher.

Votre bébé commence à percer ses dents à cet âge et, souvent, ses gencives sensibles peuvent l'empêcher de manger pendant un certain temps. Ne vous inquiétez pas : tout rentrera dans l'ordre plus tard dans la journée ou le lendemain. (Frotter du gel de dentition sur ses gencives ou lui donner quelque chose de très froid à mâchouiller peut aider à soulager la douleur et rétablir son appétit.)

Mangez un petit quelque chose vous-même pendant les repas de votre bébé. Les bébés sont de grands imitateurs : s'ils vous voient manger, il y a de fortes chances qu'ils apprécient davantage leur nourriture.

Lorsque bébé apprend à se nourrir, il devrait être libre de répandre de la nourriture comme bon lui semble et de faire des dégâts.

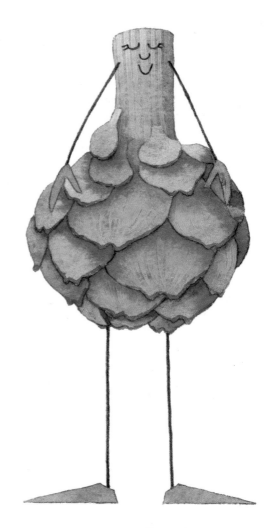

Bien des bébés détestent qu'on leur essuie le visage. À moins qu'ils soient couverts de nourriture de la tête aux pieds, attendez la fin du repas avant de procéder au « nettoyage ». Utilisez des débarbouillettes de flanelle plutôt que des lingettes pour bébé contenant de l'alcool qui peuvent irriter leur peau sensible.

Les aliments à choisir

Permettez-vous un peu plus d'audace avec les aliments que vous préparez pour votre bébé et aidez-le à prendre goût aux fines herbes et à l'ail qui sont très sains. Les enfants qui découvrent une grande variété d'aliments en bas âge tendent à être moins capricieux. Encore une fois, si votre bébé n'aime pas certains aliments, ne le forcez pas à les manger. Laissez-les plutôt de côté et présentez-les-lui à nouveau quelques jours plus tard. Variez aussi son alimentation autant que possible – elle sera ainsi plus équilibrée. Si vous donnez à votre enfant son plat préféré trop souvent, vous risquez qu'il ne veuille plus en manger du tout.

Votre bébé peut dorénavant manger des petits fruits que vous pouvez passer au tamis pour les débarrasser de leurs graines indigestes. Les gelées de fruits plairont aux yeux, au toucher et aux papilles de votre bébé. Votre bébé appréciera les fruits et les légumes râpés.

Les poissons gras comme le saumon, les sardines et le thon frais devraient faire partie de l'alimentation de votre bébé : les acides gras essentiels qu'ils contiennent sont indispensables au développement de son cerveau et de sa vue. Le poisson est un aliment facile à préparer et en l'apprêtant de façon originale, il en appréciera la saveur. Tous les poissons doivent être très frais.

Essayez autant que possible de présenter les aliments de façon attrayante. Optez pour des fruits et des légumes colorés avec lesquels vous pouvez former des visages. Évitez de surcharger l'assiette et utilisez des mini-ramequins pour préparer des portions individuelles.

Viande

La viande rouge est la meilleure source de fer. Si vous utilisez de la viande hachée, choisissez une viande de bonne qualité et demandez à votre boucher de la préparer au lieu d'acheter celle qui est préparée d'avance. La viande hachée cuite puis hachée au robot culinaire 30 secondes est plus moelleuse et facile à mâcher. Le mélange de viande et petites pâtes ou riz convient bien aux enfants de cet âge-là. Évitez la saucisse ou les viandes transformées.

Consistances et quantités

Variez la consistance des aliments que vous offrez à votre bébé. Il n'est pas nécessaire de réduire en purée tous ses aliments ; ses gencives suffisent pour mâcher les aliments qui ne sont pas trop durs. Offrez-lui des aliments pilés, râpés, en cubes et des morceaux entiers (du poulet, du pain grillé et des quartiers de fruits crus).

En fait de quantités, laissez l'appétit de votre bébé vous guider. Vous pouvez commencer à congeler des aliments dans de plus grands contenants de plastique et les portions individuelles dans de petits ramequins.

Aliments à manger avec les doigts

Dès l'âge de neuf mois, votre bébé voudra probablement se nourrir lui-même. Donnez-lui des aliments qu'il pourra manger facilement avec ses doigts. Les aliments qu'il peut manipuler sont excellents pour l'occuper pendant que vous lui préparez son repas (vous pourriez aussi lui préparer un repas entièrement composé d'aliments préhensibles).

Ne laissez jamais votre enfant seul pendant qu'il mange ; un enfant peut facilement s'étouffer même avec un très petit morceau d'aliment. Évitez les noix entières, les fruits qui contiennent un noyau, les raisins entiers, les glaçons, les olives ou tout autre aliment qui pourrait rester coincé dans sa gorge.

Quoi faire si votre enfant s'étouffe

Si votre bébé s'étouffe, tenez-le sur votre avant-bras ou vos genoux le visage vers le sol et la tête plus bas que sa poitrine. Tenez sa tête d'une main et donnez-lui cinq petites tapes entre les omoplates avec votre autre main.

Fruits crus et sucettes glacées

Lorsque vous donnez des fruits à votre bébé, assurez-vous qu'ils ont été débarrassés de leur pelure et que pépins ou noyau ont été retirés. S'il les trouve difficiles à mâcher, offrez-lui des fruits qui fondent dans la bouche tels bananes, pêches ou des fruits râpés. Les baies et les fruits citrins ne devraient être donnés qu'en petites quantités. Retirez le maximum de la peau blanche des fruits citrins.

Pendant la percée de leurs dents, bien des bébés aiment mâcher des objets froids pour soulager leurs gencives. Préparez des sucettes glacées en remplissant des moules de délicieuses combinaisons de purées de fruits, de jus de fruits, de laits battus et de yogourt.

Fruits séchés

Ils sont une bonne source de fibres, de fer et d'énergie. Certains abricots séchés sont traités au dioxyde de soufre pour en préserver la couleur orange vif ; ils doivent être évités car ils peuvent entraîner une crise d'asthme chez certains bébés. Ne donnez pas de fruits séchés en grande quantité à votre bébé : ils peuvent être plus difficiles à digérer et ont un effet laxatif.

Suggestions de fruits frais

pomme, abricot, avocat, banane, bleuets, cerises, raisins, kiwi, mangue, melon, nectarine, orange, papaye, pêche, poire, prune, framboises, fraises, tomate

Suggestions de fruits secs

rondelles de pomme, abricots, banane, dattes, pêche, poire, prune, raisins secs, raisins dorés

Légumes

Donnez d'abord des légumes cuits et tendres à votre bébé, en morceaux faciles à manipuler et encouragez-le à les couper des morceaux avec ses dents. Faites cuire les légumes de moins en moins longtemps afin qu'il s'habitue à mâcher avec plus de force. Plus tard, il aimera prendre de petits légumes comme les pois et les grains de maïs avec ses doigts.

Une fois que votre bébé a maîtrisé l'art de manger par lui-même des légumes cuits, vous pouvez lui présenter des légumes crus soigneusement lavés et râpés ainsi que des bâtonnets de légumes crus. Même si votre bébé est incapable de les mâcher, il se plaira à s'en servir pour soulager ses gencives. Les bâtonnets de légumes crus tels carottes et concombre sont très apaisants pour les gencives endolories surtout lorsqu'ils ont été refroidis dans le congélateur ou dans de l'eau glacée quelques minutes. Les plus gros morceaux de légumes crus sont plus sécuritaires que les plus petits – bébé peut les mordiller alors qu'il pourrait s'étouffer avec les petits en essayant de les avaler.

Lorsque votre bébé mastique bien, offrez-lui du maïs en épi. Coupez l'épi en deux ou en trois, ou achetez des épis nains vendus dans certains marchés d'alimentation. Les épis de maïs sont amusants à manger et les bébés adorent les tenir et les grignoter. Les légumes accompagnent bien les trempettes et les purées. Faites l'essai de certaines des recettes de purées de légumes comme trempettes.

Conservez au congélateur de bonnes quantités de purées de légumes, dans des bacs à glaçons, des légumes préférés de bébé, mais aussi ceux qu'il aime un peu moins. Faites décongeler les quantités dont vous avez besoin et ajoutez-les à ses mets préférés.
* Mélangez-les à des sauces pour les pâtes.
* Cachez-les dans des purées de pommes de terre au fromage.
* Utilisez-les pour tartiner des sandwichs.

Pains et biscuits de dentition

Les morceaux de rôtie, les biscottes et les pains fermes sont de bons croque-en-doigts qui peuvent aussi être trempés dans des purées et des sauces. Les galettes de riz sont excellentes pendant la percée des dents. Vous pouvez aussi faire griller du fromage sur des rôties ou les tartiner de confitures.

Plusieurs des biscuits de dentition sur le marché contiennent autant de sucre qu'un biscuit habituel et même ceux qui sont soi-disant «faibles en sucre» en contiennent parfois autant que 15 p. cent. Il est très facile de préparer vos propres biscuits sans sucre à partir de pain de blé entier. (voir ci-dessous)

Les légumes croque-en-doigts

Brocoli, carottes, chou-fleur, céleri, épis de maïs, courgettes, champignons, pommes de terre nouvelles, patate douce

Biscuits de dentition maison

Couper une tranche de pain de blé entier (complet) d'environ 1,25 cm (2 po) d'épaisseur en trois languettes. Les disposer sur une tôle à biscuits et faire cuire au four préchauffé à 180 °C/350 °F/gaz 4, 15 minutes. Si votre bébé n'aime pas les biscuits de dentition nature, ajoutez un peu de fromage râpé. Vous pouvez préparer d'avance une provision de biscuits. Ils se conserveront bien 3 à 4 jours dans un contenant hermétique.

Mini-sandwiches

Les petits sandwiches en languettes, en forme de carré, en triangle ou en forme d'animaux à l'aide d'emporte-pièce sont très populaires. Quelques suggestions de garnitures sont fournies ci-contre ; faites appel à votre imagination pour créer vos propres délicieuses combinaisons.

Des suggestions de garnitures

banane pilée et/ou beurre d'arachide, thon et maïs sucré et mayonnaise, hoummous, fromage cottage et ananas, fromage à la crème et confiture de fraises ou abricots séchés hachés, fromage râpé et tomate, sardines écrasées et ketchup, œufs à la mayonnaise et cresson

Céréales pour le petit déjeuner

Les bébés adorent prendre de petits morceaux de céréales comme des *Cheerios* avec leurs doigts. Optez pour des céréales enrichies de fer et de vitamines sans sucre ajouté. Vous trouverez quelques suggestions de céréales ci-dessous.

Fromages

Donnez d'abord à votre bébé du fromage râpé ou encore tranché de la minceur d'une gaufrette. Une fois qu'il aura maîtrisé l'art de mastiquer, vous pourrez lui donner des morceaux et des languettes de fromage. Les plus populaires sont généralement le cheddar, la mozzarella, l'édam, le suisse et le Monterey Jack. Le fromage à la crème, la ricotta et le fromage cottage plaisent aussi beaucoup. Évitez les fromages forts comme le bleu, le brie et le camembert. Assurez-vous que le fromage que votre bébé mange est toujours pasteurisé.

Grignotines du matin

Cheerios, Corn Flakes, müesli, *Chex*, graham

Pâtes

Le présent ouvrage contient quelques recettes de sauces, bien que la plupart des purées de légumes puissent tout aussi bien être servies sur des pâtes. Vous pouvez ajouter un peu de beurre fondu à des pâtes et les saupoudrer de fromage râpé – même les plus capricieux adorent cette recette.

Poulet

Des tranches ou des morceaux de poulet (ou de dindon) cuit font, pour bébé, d'excellents aliments à manger avec les doigts. Servez la viande brune autant que la viande blanche parce que la brune contient deux fois plus de zinc et de fer. Le Poulet « bang bang » et le Poulet aux flocons de maïs (voir page 124) se prêtent particulièrement bien aux croque-en-doigts.

Poisson

Les poissons blancs sont faibles en gras, sont une excellente source de protéines et s'avèrent faciles à mastiquer pour votre enfant. Préparez vos propres bâtonnets de poisson en coupant des filets de poisson blanc en languettes, en les enrobant de farine, en les passant dans de l'œuf battu puis dans des flocons de maïs émiettés, et en les faisant frire jusqu'à ce qu'ils soient dorés. Lorsque vous servez du poisson à votre bébé, vérifiez soigneusement qu'il ne contient aucune arête avant de le faire cuire et de l'émietter. Assurez-vous d'inclure dans son alimentation des poissons gras comme du saumon ou des sardines, de préférence deux fois par semaine.

Petit déjeuner

Le premier repas de la journée est important pour nous tous après une nuit de jeûne et particulièrement pour les bébés et les bambins débordants d'énergie !

Les recettes pour ce groupe d'âge peuvent être composées de grains plus intéressants. Le germe de blé est un excellent aliment à saupoudrer sur des céréales ou du yogourt. Le mélange céréales et fruits constitue un début de journée fort délicieux et nutritif. Plusieurs des céréales maison peuvent être mélangées à du jus de pommes au lieu du lait.

Le fromage est un aliment important. Vous pouvez offrir à votre bébé du fromage sur du pain grillé ou des languettes qu'il peut tenir. Les œufs sont une excellente source de protéines, de vitamines et de fer. Offrez à votre bébé des œufs brouillés ou une omelette, mais veillez à ce que le blanc et le jaune soient bien cuits. Les fruits frais fournissent des vitamines, des minéraux et des substances appelées phytochimiques qui aident à réduire les risques de cancer. Offrez à votre bébé des fruits qu'il peut manger avec les doigts, préparez des salades de fruits ou donnez-lui des fruits en compote tels que pommes ou rhubarbe.

Évitez les céréales très raffinées et enrobées de sucre. Ne vous laissez pas berner par la liste de vitamines qui apparaissent sur le côté de la boîte – les céréales non traitées sont beaucoup plus saines pour votre enfant. Les céréales de grains entiers sont également de bonnes sources de fer, mais il vous faudra inclure de la vitamine C, comme du jus d'orange dilué ou des fraises pour que bébé puisse absorber le fer.

Le petit déjeuner

Müesli suisse aux fruits ☺☹

Un petit déjeuner goûteux et nutritif pour commencer la journée du bon pied. Vous pouvez remplacer les fruits de ce müesli par exemple par des pêches, des fraises, des bananes ou des abricots prêts à manger hachés.

DONNE 4 PORTIONS D'ENFANT OU 2 PORTIONS D'ADULTE

65 g (3/4 de tasse) de gruau
15 g (1/2 oz) de germe de blé
175 ml (2/3 de tasse) de jus de pommes
1 c. à café (à thé) de jus de citron
1 pomme, pelée, cœur enlevé et râpée
1 poire, pelée, cœur enlevé et hachée
1 c. à soupe de sirop d'érable
125 ml (1/2 tasse) de yogourt nature

Mélangez le gruau, le germe de blé et le jus de pommes. Réservez environ deux heures ou réfrigérez toute la nuit. Le lendemain matin, mélangez le jus de citron à la pomme râpée et ajoutez au mélange de gruau avec la poire hachée, le sirop d'érable et le yogourt.

Yogourt à la pêche et à la banane ☺☹

Bien des yogourts du commerce contiennent beaucoup de sucre. Il est facile de faire le vôtre en y ajoutant un mélange des aliments que votre bébé préfère.

DONNE 2 PORTIONS D'ADULTE

1/2 pêche mûre, dénoyautée, pelée et hachée
1/2 petite banane, pelée et hachée
150 ml (5 oz) de yogourt nature
2 c. à café (à thé) de sirop d'érable

Mélangez tous les ingrédients ensemble et servez. Pilez les fruits pour les bébés plus jeunes.

Crêpes passe-partout ❄ ☺ ☹

Les crêpes pour le petit déjeuner font toujours un repas spécial, et la recette qui suit est infaillible. Les crêpes peuvent être faites à l'avance, réfrigérées et réchauffées. Pour les congeler, placez-les entre des feuilles de papier sulfurisé. Servez avec du sirop d'érable et des fruits frais.

DONNE 12 CRÊPES

115 g (1 tasse) de farine
Une généreuse pincée de sel
2 œufs
300 ml (1 ¼ tasse) de lait
3 c. à soupe de beurre, fondu

Tamisez la farine et le sel dans un bol, faites un puits au centre et ajoutez les œufs. Servez-vous d'un fouet pour incorporer les œufs à la farine et ajoutez graduellement le lait jusqu'à l'obtention d'une pâte lisse.

Badigeonnez un poêlon à fond épais de 15 à 18 cm (6 à 7 po) du beurre fondu et, lorsque le poêlon est chaud, versez-y environ 2 c. à soupe de pâte. Inclinez rapidement le poêlon d'un côté à l'autre pour répartir la pâte en une couche fine et faites cuire 1 minute. Retournez la crêpe à l'aide d'une spatule et faites cuire jusqu'à ce que le dessous soit légèrement doré. Poursuivez ainsi avec le reste de la pâte en badigeonnant le poêlon de beurre fondu au besoin.

Flan aux abricots, pomme et poire
❄ ☺ ☹

Les abricots séchés sont l'un des meilleurs aliments santé de dame nature. Ils sont une source élevée de bêta-carotène, de potassium et de fer. Voici une délicieuse purée de fruits idéale pour le petit déjeuner ou le dessert.

DONNE 3 PORTIONS

75 g (½ tasse) d'abricots séchés, prêts à manger
1 grosse pomme à dessert, pelée, cœur enlevé et hachée
1 c. à soupe de poudre à flan
150 ml (5 oz) de lait
1 poire mûre, pelée, cœur enlevé et hachée

Faites chauffer légèrement les abricots et la pomme dans une petite casserole avec 4 c. à soupe d'eau 8 à 10 minutes, ou jusqu'à ce qu'ils soient tendres. Dans une autre casserole, mélangez la poudre à flan à un peu de lait pour obtenir une pâte lisse. Ajoutez le reste du lait et portez lentement à ébullition en brassant jusqu'à ce que la crème soit lisse et épaisse. Mélangez les fruits cuits et la poire jusqu'à l'obtention de la consistance souhaitée et incorporez le flan.

Céréales à la banane ☺ ☹

Malheureusement, bien des céréales à l'intention des enfants du commerce sont pleines de sucre. Je donne à mes enfants des céréales à l'ancienne telles que craquelins graham, gruau ou müesli que je sucre avec des fruits frais.

DONNE 1 PORTION

1 c. à soupe de craquelins graham
1 petite banane
3 c. à soupe de yogourt nature ou de lait

Émiettez finement les craquelins graham et pilez la banane. Mélangez tous les ingrédients et servez.

Müesli aux fruits d'été ☺ ☹

Il suffit de laisser tremper le gruau toute la nuit et d'y ajouter des fruits frais comme des pêches ou des fraises le lendemain pour obtenir un müesli nutritif. Si votre bébé est trop jeune pour manger des aliments avec des grumeaux, vous pouvez réduire ce müesli en une purée fine.

DONNE 4 PORTIONS D'ADULTE

100 g (1 ⅓ tasse) de gruau
2 c. à soupe de raisins dorés
300 ml (1 ¼ tasse) de jus de pommes et de mangue
2 pommes à dessert, pelées, cœurs enlevés et râpées
60 à 90 ml (¼ à ⅓ de tasse) de lait
Un peu de sirop d'érable ou de miel (pour les bébés de plus d'un an)

Mélangez le gruau, les raisins ses et le jus de pommes et de mangue dans un bol, couvrez et laissez tremper toute la nuit au réfrigérateur. Le lendemain, incorporez en brassant les autres ingrédients et tout autre fruit et versez un filet de sirop d'érable ou de miel (si utilisé).

Mousse à la banane
et aux pruneaux ☺ ☹

Il suffit de deux minutes pour préparer cette mousse fort délicieuse. C'est aussi une excellente recette si vous croyez que votre bébé est un peu constipé.

DONNE 1 PORTION

5 pruneaux en conserve dans leur jus, dénoyautés
1 petite banane mûre, pelée
1 c. à soupe de yogourt nature
1 c. à soupe de fromage à la crème

Mettez tous les ingrédients dans un mélangeur avec 1 à 2 c. à soupe du jus des pruneaux. Mélangez bien jusqu'à l'obtention d'une purée lisse.

Le petit déjeuner des trois ours ☺ ☹

Un petit déjeuner très nourrissant. Assurez-vous que votre enfant le mange tout avant que Boucle d'or n'arrive !

DONNE 2 PORTIONS D'ADULTE

300 ml (1 ¼ tasse) de lait
40 g (½ tasse) de gruau
25 g (1 oz) de pêche (ou abricots) séchée, hachée
1 c. à café (à thé) de raisins secs, hachés

Versez le lait dans une casserole et portez à ébullition. Ajoutez le gruau et portez à nouveau à ébullition en brassant. Ajoutez les fruits séchés hachés, baissez le feu et laissez mijoter environ 4 minutes ou jusqu'à ce que le mélange ait épaissi.

Pain matzo doré ☺ ☹

Les matzos sont de grands carrés de pain sans levain ressemblant à des biscottes. On peut les manger tels quels ou cuits.

DONNE 2 PORTIONS D'ADULTE

2 matzos
1 œuf, battu
2 c. à soupe de beurre
Sucre, au goût

Brisez le matzo en petits morceaux et trempez quelques minutes dans l'eau froide. Pressez pour extraire l'eau, puis ajoutez le matzo à l'œuf battu. Faites fondre la margarine dans une poêle à frire, en faisant grésiller, puis faites-y dorer le mélange de matzo et œuf des deux côtés. Parsemez de sucre si désiré.

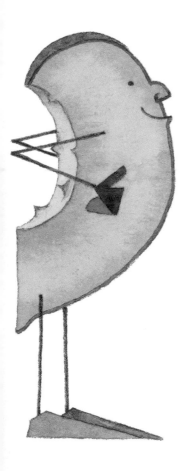

Pain doré à l'emporte-pièce ☺ ☹

Amusez-vous de temps à autre à couper le pain en toutes sortes de formes animales à l'aide d'un emporte-pièce. Servez-les accompagnées de sirop d'érable ou de gelée pour une gâterie toute spéciale.

Donne 2 portions

1 œuf
2 c. à soupe de lait
1 pincée de cannelle moulue (facultatif)
2 tranches de pain blanc ou aux raisins
1 ½ c. à soupe de beurre

Battez l'œuf légèrement avec le lait et la cannelle, si utilisée, et versez dans un plat peu profond. Trempez bien les deux côtés des tranches de pain dans ce mélange. Faites fondre le beurre et faites frire les tranches ou les formes animales jusqu'à ce que les deux côtés soient dorés.

Œuf brouillé au fromage ☺ ☹

Vous pouvez utiliser du fromage cottage au lieu du fromage cheddar.

Donne 1 portion d'adulte

1 œuf
1 c. à soupe de lait
1 c. à soupe de beurre
1 c. à soupe de fromage cheddar, râpé fin
1 tomate, pelée et épépinée, hachée

Battez l'œuf avec le lait. Faites fondre la margarine, puis versez le mélange d'œuf et cuisez à feu doux, en remuant sans arrêt. Quand le mélange a épaissi et est d'apparence crémeuse, ajoutez fromage et tomate hachée. Servez tout de suite.

Fruits

Pommes au four avec raisins secs ☺ ☹

Les pommes à cuire ont meilleur goût, mais les autres sont plus sucrées. Choisissez celles que vous préférez. Servez avec de la crème glacée ou anglaise.

DONNE 6 PORTIONS

2 pommes
125 ml (½ tasse) de jus de pomme ou eau
2 c. à soupe de raisins secs
Un peu de poudre de cannelle
1 c. à soupe de miel ou sirop d'érable (pour les pommes à cuire)
Un peu de beurre ou margarine

Préchauffez le four à 180 °C/350 °F/gaz 4. Enlevez le cœur des pommes et piquez la peau avec une fourchette pour les empêcher d'éclater. Mettez-les dans un plat à four et versez le jus de pomme ou l'eau dans le fond. Déposez 1 c. à soupe de raisins secs au centre de chaque pomme, parsemez de cannelle et aspergez de miel ou sirop d'érable (si nécessaire). Posez une noix de beurre sur les pommes. Mettez au four environ 45 minutes.

Pour les jeunes bébés, retirez la pulpe des pommes et réduisez grossièrement en purée avec les raisins secs et un peu de liquide de cuisson.

Pommes et mûres ✻ ☺ ☹

Ces deux fruits se marient très bien : les mûres (riches en vitamine C) colorent les pommes d'un beau rouge foncé. C'est aussi une bonne garniture pour une croustade sucrée (voir page 188).

DONNE 8 PORTIONS

2 pommes à cuire, pelées, cœurs enlevés et tranchées
180 ml (¾ de tasse) de mûres
4 c. à soupe de cassonade

Dans une casserole, cuisez pommes, cassonade et mûres avec 1 c. à soupe d'eau, jusqu'à ce que les pommes soient bien cuites (environ 10 minutes). Passez le tout au moulin à légumes pour obtenir une purée homogène.

Pouding au riz aux fraises ☺ ☹

Ce pouding se mélange bien à des purées de fruits telles que compotes de pommes et de poires, pruneaux dans leur jus, ou des pêches ou des abricots en conserve, hachés.

DONNE 6 PORTIONS DE BÉBÉ OU 3 PORTIONS D'ADULTE

50 g (¼ de tasse) de riz blanc à grain court
600 ml (2 ½ tasses) de lait
1 à 2 c. à soupe de sucre superfin
½ c. à café (à thé) d'extrait de vanille
Gelée de fraise, sirop d'érable ou miel

Mettez le riz, le lait et le sucre dans une casserole à fond épais. Amenez à ébullition, réduisez le feu, couvrez et laissez mijoter 30 à 35 minutes en remuant de temps en temps. Ajoutez la saveur choisie et servez.

Vous pouvez également préparer le pouding au four. Placez tous les ingrédients dans un plat beurré, et parsemez d'un peu plus de beurre. Faites cuire au four à 150 °C/300 °F/gaz 2, environ 2 heures, en remuant de temps à autre.

Sucettes surgelées aux fruits frais

Votre bébé est à l'âge de la percée des dents et ses gencives irritées peuvent l'empêcher de manger pendant un moment. Sucer des aliments froids aide à soulager les gencives douloureuses. Il est donc tout indiqué de préparer des sucettes congelées à partir de purées de fruits frais que vous pouvez mélanger à du jus de fruits ou du yogourt. Vous pouvez même verser des laits battus aux fruits ou des jus de fruits directement dans des moules à sucettes.

Sucettes aux framboises et au melon d'eau (pastèque) ❄ ☺ ☹

DONNE 8 SUCETTES

¼ de melon d'eau (pastèque)
60 g (½ tasse) de framboises
4 à 5 c. à soupe de sucre à glacer

Coupez la chair de la pastèque et retirez-en les graines. Mélangez la chair de pastèque et les framboises. Passez à travers un tamis et incorporez le sucre à glacer, au goût. Versez dans un moule à sucettes et faites congeler.

Sucettes tropicales ❄ ☺ ☹

DONNE 8 SUCETTES

1 grosse mangue, pelée et noyau retiré, coupée en cubes
180 ml (¾ de tasse) de jus de fruits tropicaux
3 c. à soupe de sucre à glacer
1 c. à soupe de jus de citron

Mélangez tous les ingrédients jusqu'à consistance lisse. Versez dans un moule à sucettes et faites congeler.

Fruits frais avec trempette au yogourt ☺ ☹

Au fur et à mesure que la coordination œil-main de votre bébé s'améliore, les croque-en-doigts prennent de plus en plus d'importance dans son alimentation. Commencez avec des fruits mous ou des fruits séchés. Votre enfant prendra plaisir à les tremper dans la délicieuse trempette au yogourt.

DONNE 1 PORTION

Une variété de morceaux de fruits suffisamment gros pour que bébé puisse facilement les tenir dans sa main.
3 c. à soupe de yogourt grec
1 c. à café (à thé) de lait
1 c. à café (à thé) de sucre à glacer
1 c. à soupe de crème de citron

Préparer la trempette en mélangeant le yogourt, le lait, le sucre à glacer et la crème de citron.

Abricots séchés avec papaye et poire ❄ ☺ ☹

Les abricots séchés renferment beaucoup de bêta-carotène et de fer et se marient bien à une variété de fruits frais.

DONNE 4 PORTIONS

50 g (½ tasse) d'abricots séchés prêts à manger
½ papaye mûre, pelée, épépinée et hachée
1 poire mûre et juteuse, pelée, cœur enlevé et hachée

Mettez les abricots dans une petite casserole et couvrez avec juste assez d'eau. Portez à ébullition et laissez mijoter jusqu'à ce qu'ils soient ramollis (environ 8 minutes). Égouttez et hachez les abricots et mélangez-les à la papaye et à la poire hachées, ou réduisez en purée pour le bébé qui préfère les consistances plus lisses.

Légumes

Risotto à la courge musquée ❄ ☺ ☹

La texture moelleuse et agréable du riz cuit aux légumes est une bonne façon d'incorporer de nouvelles textures dans l'alimentation de votre bébé. La courge musquée se trouve maintenant plus facilement dans les magasins d'alimentation et elle est riche en vitamine A. Vous pouvez aussi remplacer la courge par de la citrouille si vous désirez.

DONNE 3 PORTIONS

550 g (½ tasse) d'oignon, haché
1 ¼ c. à soupe de beurre
100 g (½ tasse) de riz basmati
500 ml (2 tasses) d'eau bouillante
150 g (5 oz) de courge musquée, pelée et hachée
3 tomates mûres, pelées, épépinées et hachées
50 g (½ tasse) de cheddar, râpé

Faites revenir l'oignon dans la moitié de la quantité de beurre jusqu'à ce qu'il soit ramolli. Incorporez le riz en remuant, jusqu'à ce que les grains soient bien enrobés. Versez l'eau bouillante, couvrez et laissez cuire 8 minutes à feu élevé. Incorporez la courge, réduisez le feu, couvrez et laissez cuire environ 12 minutes, ou jusqu'à ce que l'eau ait été absorbée.

Pendant ce temps, faites fondre le reste du beurre dans une petite casserole, ajoutez les tomates hachées et faites revenir 2 à 3 minutes. Ajoutez, en remuant, le fromage jusqu'à ce qu'il soit fondu. Incorporez le mélange tomates et fromage au riz cuit. Rectifiez l'assaisonnement pour les bébés de plus d'un an.

Purée de lentilles et de légumes ❄ ☺ ☹

Les lentilles sont une excellente source de protéines. Elles contiennent également du fer, particulièrement important pour le développement du cerveau entre l'âge de six mois et deux ans.

Le fer de source non-animale est plus difficile à absorber. Accompagnez ce plat d'un fruit ou d'un jus de fruit riche en vitamine C, pour en faciliter l'absorption.

DONNE 6 PORTIONS

1 c. à soupe d'huile végétale
50 g (¼ de tasse) d'oignons ou de poireaux, lavés et tranchés
100 g (1 tasse) de carottes, hachées
1 c. à soupe de céleri, haché
50 g (2 oz) de lentilles rouges cassées
250 g (1 lb) de patates douces, hachées
200 ml (7 oz) de passata (coulis de tomates)
50 g (½ tasse) de cheddar, râpé

Faites chauffer l'huile puis revenir les oignons (ou les poireaux), les carottes et le céleri. Rincez les lentilles et ajoutez-les. Ajoutez ensuite les patates douces et faites sauter environ 1 minute. Incorporez 1 c. à soupe de *passata* et 1 c. à soupe d'eau. Couvrez et laissez mijoter environ 30 minutes. Retirez du feu et faites fondre le fromage en remuant. Réduisez en purée au mélangeur jusqu'à l'obtention de la consistance souhaitée.

Casserole arc-en-ciel ❄ ☺ ☹

Les bébés adorent les couleurs vives et la petite taille des légumes de cette recette. Manger devient amusant et s'avère une bonne pratique de la dextérité.

DONNE 4 PORTIONS

1 c. à soupe d'huile d'olive
1 échalote, pelée et hachée finement
40 g (½ tasse) de poivron rouge, coupé en dés
100 g (1 tasse) de pois surgelés
100 g (1 tasse) de grains de maïs surgelés
125 ml (½ tasse) de bouillon de légumes ou d'eau

Faites chauffer l'huile dans une casserole, ajoutez l'échalote et le poivron rouge et faites cuire 3 minutes. Ajoutez les pois, le maïs et le bouillon de légumes et portez à ébullition. Couvrez et laissez mijoter 3 à 4 minutes.

Riz brun exquis ❄ ☺ ☹

Les plats de riz aident à introduire différentes textures dans l'alimentation de bébé. Cette recette peut également être préparée avec du riz blanc.

DONNE 6 PORTIONS

50 g (¼ de tasse) de riz brun
1 c. à soupe d'huile végétale
75 g (¾ de tasses) de carottes, pelées et râpées
75 g (¾ de tasse) de tomates, pelées, épépinées et hachées
45 g (½ tasse) de cheddar, râpé

Faites cuire le riz dans de l'eau selon les directives sur l'emballage jusqu'à ce qu'il soit bien cuit (environ 30 minutes). Entre-temps, faites chauffer l'huile dans une poêle, ajoutez les carottes et faites revenir pendant 3 minutes. Ajoutez les tomates et faites cuire pendant 2 minutes de plus. Égouttez le riz et mélangez-le aux carottes et aux tomates. Incorporez le fromage râpé et faites cuire à feu doux pendant 1 minute ou jusqu'à ce qu'il soit fondu.

Légumes au fromage ❄ ☺ ☹

100 g (1 tasse) de fleurettes de chou-fleur
1 carotte, pelée et tranchée mince
50 g (½ tasse) de pois surgelés
1 courgette, lavée et tranchée

Sauce au fromage
2 c. à soupe de beurre
2 c. à soupe de farine
250 ml (1 tasse) de lait
50 g (½ tasse) de fromage cheddar, râpé

Cuisez chou-fleur et carotte à la vapeur 6 minutes, ajoutez pois et courgettes, et cuisez encore 4 minutes (pour les jeunes bébés, cuisez les légumes jusqu'à ce qu'ils soient très mous). Préparez la sauce au fromage (voir page 67). Ensuite, écrasez, hachez ou réduisez en purée les légumes dans la sauce.

Fricassée de patate douce et d'épinards ☺ ☹

Donne 3 à 4 portions

1 grosse patate douce
1 grosse pomme de terre
1 carotte moyenne
60 g (2 ½ oz) de feuilles d'épinards, lavées
1 grosse noix de beurre
1 c. à soupe de lait
40 g (½ tasse) de cheddar, râpé

Pelez et hachez la patate douce, la pomme de terre et la carotte. Mettez-les dans une casserole et couvrez-les tout juste d'eau bouillante. Faites cuire environ 15 minutes ou cuisez-les à la vapeur. Égouttez les légumes, ajoutez les épinards et faites cuire pendant 2 minutes. Pilez les légumes avec le beurre, le lait et le fromage.

Poisson

Bâtonnets de plie ☺☹

Ces bâtonnets de plie sont amusants à manger et font d'excellents croque-en-doigts. Ils peuvent être servis tels quels ou accompagnés d'une sauce aux tomates maison. Il suffit de réduire en purée 3 tomates pelées et épépinées avec une échalote sautée, 1 c. à soupe de purée de tomates, 1 c. à dessert de lait et 1 c. à café (à thé) de basilic frais haché.

Ces bâtonnets sont bien meilleurs que leur équivalent commercial qui renferme des colorants et des additifs. Si vous ne comptez pas utiliser tous les bâtonnets que vous avez préparés, il est préférable de les congeler sans les faire cuire au préalable. Vous pouvez retirer du congélateur le nombre de bâtonnets que vous désirez pour préparer un repas tout frais.

Les flocons de maïs émiettés sont aussi excellents avec d'autres types de poisson comme l'aiglefin et la morue.

DONNE 8 PORTIONS

1 échalote, pelée et hachée finement
1 c. à dessert de jus de citron
1 c. à soupe d'huile végétale
1 plie, en filets et sans peau
1 œuf
1 c. à dessert de lait
Farine
Flocons de maïs émiettés
Un peu de beurre ou de margarine pour la friture

Mélangez l'échalote hachée, le jus de citron et l'huile. Faites mariner les filets de poisson dans ce mélange pendant 1 heure. (Cette étape est facultative.) Retirez les filets de la marinade. Coupez-les sur la diagonale en quatre ou cinq languettes, selon la taille de la plie. Fouettez l'œuf avec le lait. Trempez les languettes d'abord dans la farine, ensuite dans l'œuf battu et finalement dans les flocons de maïs émiettés. Faites frire les bâtonnets dans du beurre ou de la margarine jusqu'à ce qu'ils soient bien dorés sur les deux côtés. Ils ne devraient nécessiter que quelques minutes de cuisson.

Pâtes au saumon et au brocoli ❄ ☺ ☹

Cette recette a été conçue spécialement pour les petits mangeurs difficiles.

DONNE 5 PORTIONS

250 g (³/₄ de lb) de petites pâtes en forme d'animaux
50 g (¹/₄ de tasse) d'oignon haché
1 gousse d'ail, écrasée
Un peu de beurre ou d'huile
225 g (1 lb) de brocoli
100 g (¹/₄ de lb) de saumon en conserve, égoutté et défait à la fourchette
140 ml (5 oz) de crème légère
50 g (¹/₂ tasse) de parmesan râpé
Un peu de poivre fraîchement moulu

Faites cuire les pâtes selon les instructions sur l'emballage. Faites frire les oignons et l'ail dans le beurre ou l'huile environ 3 à 4 minutes. Faites cuire le brocoli à la vapeur jusqu'à ce qu'il soit tendre (environ 6 minutes). Ajoutez les pâtes cuites à l'oignon ; incorporez le saumon, la crème et le brocoli et assaisonnez avec un peu de poivre. Ajoutez le parmesan et mélangez pour que le fromage fonde. Servez immédiatement.

Filet de plie aux raisins ✳ ☺ ☹

La plie et les raisins forment un délicieux mariage. Cette recette rapide et facile à réaliser sera appréciée par tous les membres de la famille.

DONNE 4 PORTIONS D'ADULTE

8 filets de plie
1 c. à soupe de farine assaisonnée
1 ¹/₂ c. à soupe de beurre
75 g (3 oz) de champignons, tranchés mince
100 ml (3 ¹/₂ oz) de fumet de poisson
100 ml (3 ¹/₂ oz) de double-crème
1 c. à café (à thé) de jus de citron
2 c. à café (à thé) de persil frais, haché
20 raisins blancs sans pépins, coupés en deux
Sel et poivre (à partir d'un an)

Enfarinez le poisson avec la farine assaisonnée, faites fondre la moitié du beurre dans une grande poêle à frire et faites cuire le poisson à feu moyen pendant environ 2 minutes de chaque côté jusqu'à ce qu'il soit bien doré. Déposez dans une assiette et gardez au chaud.

Ajoutez le reste du beurre à la poêle et faites cuire les champignons pendant 3 minutes. Ajoutez le fumet de poisson et laissez mijoter pendant 2 minutes. Incorporer la crème et le jus de citron en remuant et laissez ensuite mijoter pendant 2 minutes. Ajoutez le persil et les raisins, salez et poivrez (à compter d'un an) et nappez-en le poisson.

Saumon à la sauce crémeuse
à la ciboulette ❄ ☺ ☹

Le saumon est facile à faire cuire. Il peut être cuit très rapidement au micro-ondes, mais dans ce cas-ci, je l'emballe dans du papier d'aluminium avec des légumes et des fines herbes, et je le laisse cuire plus longtemps pour en faire ressortir la saveur.

DONNE 3 PORTIONS

120 g (¼ de lb) de filet de saumon
2 c. à café (à thé) de jus de citron
½ petit oignon, pelé et tranché
½ feuille de laurier
½ petite tomate, coupée en morceaux
Un brin de persil
Un peu de beurre

SAUCE À LA CIBOULETTE
1 c. à soupe de beurre
1 c. à soupe de farine
125 ml (½ tasse) de lait
65 g (⅓ de tasse) de cheddar, râpé
Liquide de cuisson du poisson
2 c. à café (à thé) de ciboulette ciselée

Emballez le saumon et les autres ingrédients dans du papier d'aluminium et faites cuire au four préchauffé à 180 °C/350 °F/gaz 4. Pendant ce temps, préparez une béchamel épaisse avec le beurre, la farine et le lait de la manière habituelle (voir page 67). Incorporez le cheddar jusqu'à ce qu'il soit fondu.

Une fois le saumon cuit, retirez-le du papier d'aluminium, jetez l'oignon, la tomate, le persil et la feuille de laurier, filtrez le liquide de cuisson et ajoutez-le à la béchamel. À la fin, ajoutez la ciboulette à la sauce. Effeuillez le poisson et nappez de la sauce à la ciboulette.

Boulettes au saumon ❄ ☺ ☹

Lorsque votre enfant refuse de manger quoi que ce soit à l'aide d'une cuiller, ces croque-en-doigts nutritifs viennent à la rescousse.

Donne 10 petites boulettes

1 pomme de terre moyenne, avec pelure
70 g (2 3/4 oz) de filet de saumon
Un filet de jus de citron
Une noix de beurre
2 oignons verts, hachés
1 c. à café (à thé) de sauce chili sucrée (facultatif)
2 c. à soupe de ketchup aux tomates
½ c. à soupe de mayonnaise
1 c. à soupe de farine assaisonnée
1 œuf, légèrement battu
50 g (½ tasse) de chapelure
Huile de tournesol pour faire frire
Sel et poivre fraîchement moulu (à compter d'un an)

Faites cuire la pomme de terre dans de l'eau bouillante pendant 25 à 30 minutes jusqu'à ce qu'elle cède sous la pointe d'un couteau. Égouttez-la et, lorsqu'elle est suffisamment tiède, pelez-la et pilez-la.

Faites cuire le saumon au four micro-ondes à température maximale pendant 2 à 3 minutes, arrosé du filet de citron et garni de la noix de beurre. Émiettez la chair du poisson dans une assiette et laissez-la tiédir un peu. Mélangez la purée de pomme de terre et les oignons verts, la sauce chili (si utilisée), le ketchup aux tomates, la mayonnaise et le sel et le poivre, au goût. Incorporez le saumon délicatement.

Prenez 1 ½ c. à soupe du mélange et façonnez des boules. Répétez le processus avec le reste du mélange. Enfarinez chacune des boules, trempez-les dans l'œuf battu et ensuite dans la chapelure.

Faites chauffer de l'huile de tournesol dans une poêle antiadhésive et faites frire les boulettes pendant 2 à 3 minutes. Vous pouvez aussi les faire cuire en friture plate dans 2 c. à soupe d'huile, mais elles risquent de perdre leur rondeur.

Poulet

Boulettes de poulet et de pomme

Ma famille adore cette recette. La pomme râpée ajoute une délicieuse saveur à ces boulettes de poulet qui plaît aux jeunes enfants, et elles sont bonnes chaudes ou froides. Ces boulettes font d'excellents aliments à prendre avec les doigts.

DONNE 20 BOULETTES

2 c. à café (à thé) d'huile d'olive
1 grosse pomme à dessert, pelée et râpée
2 grosses poitrines de poulet, coupées en gros morceaux
1 oignon, pelé et haché finement
½ c. à soupe de persil frais, haché
1 c. à soupe de thym (ou de sauge) frais, haché, ou une pincée de fines herbes
*   mélangées séchées*
1 cube de bouillon de poulet, émietté (pour les bébés de plus d'un an)
50 g (1 tasse) de panure de pain blanc
Sel et poivre noir fraîchement moulu (pour les bébés de plus d'un an)
Farine pour enfariner
Huile végétale pour la friture

Faites chauffer l'huile dans une poêle et faites revenir la moitié de l'oignon pendant 3 minutes. En vous servant de vos mains, extrayez un peu de l'excès de liquide de la pomme râpée. Mélangez la pomme et le poulet, l'oignon cuit et cru, les fines herbes, le cube de bouillon (à compter d'un an) et la chapelure, et hachez grossièrement au robot culinaire pendant quelques secondes. Salez et poivrez légèrement (pour les bébés de plus d'un an). Façonnez avec les mains environ 20 petites boules, enfarinez-les et faites-les frire dans de l'huile chaude environ 5 minutes ou jusqu'à ce qu'elles soient légèrement dorées et complètement cuites.

Poulet « bang bang » ❄ ☺ ☹

J'appelle ce plat ainsi parce que mon fils aime bien m'aider à aplatir le poulet en frappant avec le maillet ! Vous pouvez préparer ces bâtonnets de poulet à l'avance. Avant de faire frire le poulet, enveloppez chaque languette séparément et congelez. Sortez 1 ou 2 languettes à la fois pour un repas de poulet frais cuit.

DONNE 8 PORTIONS

2 poitrines de poulet, désossées et sans peau
3 tranches de pain complet, croûtes enlevées
1 c. à soupe de fromage parmesan (facultatif)
1 c. à soupe de persil haché (facultatif)
2 c. à soupe de farine
1 œuf, battu
Huile végétale

Couvrez le poulet de papier sulfurisé, aplatissez avec un maillet ou un rouleau à pâtisserie et coupez chaque poitrine en 4 languettes. Réduisez le pain en panure au robot de cuisine. Si vous utilisez du parmesan et du persil, incorporez-les à la panure. Enrobez le poulet de farine, puis d'œuf et enfin de panure. Faites frire dans l'huile 3 à 4 minutes de chaque côté, pour dorer et bien cuire. Égouttez bien et laissez refroidir avant de servir.

Poulet aux flocons de maïs ❄ ☺ ☹

Les flocons de maïs (Corn Flakes) sont très polyvalents : je m'en sers souvent au lieu de la chapelure habituelle pour paner le poulet et le poisson. Ces languettes de poulet font un excellent aliment à manger avec les doigts. Avant de les faire cuire, elles peuvent être emballées individuellement et congelées.

DONNE 3 À 4 PORTIONS

1 œuf, battu
1 c. à soupe de lait
25 g (1 tasse) de flocons de maïs (Corn Flakes), écrasés
1 poitrine de poulet double, sans peau, désossée et tranchée en 8 languettes
2 c. à soupe de beurre, fondu

Mélangez l'œuf battu et le lait dans un plat peu profond. Dans un autre plat, étalez la chapelure de flocons de maïs. Trempez les languettes de poulet dans le mélange d'œuf et enrobez ensuite de chapelure de flocons de maïs. Disposez les languettes dans un plat graissé allant au four, versez le beurre fondu et recouvrez-en les languettes en les remuant. Faites cuire dans un four préchauffé à 180 °C/ 350 °F/gaz 4, 10 minutes sur chaque côté ou jusqu'à ce qu'elles soient complètement cuites. Les languettes peuvent également être cuites dans de l'huile dans un poêlon jusqu'à ce qu'elles soient dorées et entièrement cuites.

Poulet aux légumes d'été ❄ ☺ ☹

La patate douce, le jus de pommes et les pois ont un goût sucré dont les bébés raffolent. L'ail et le basilic ajoutent de la saveur, un facteur important étant donné que vous devez éviter d'utiliser du sel avant l'âge d'un an.

DONNE 4 PORTIONS

1 petit oignon, haché
1 gousse d'ail, pelée et écrasée
¼ de poivron rouge, épépiné et haché finement
1 ½ c. à soupe d'huile d'olive
1 poitrine de poulet, coupée en gros morceaux
2 c. à soupe de jus de pommes
190 ml (¾ de tasse) de bouillon de poulet (voir page 76)
Un petit morceau de courge jaune haché, ou 1 courgette moyenne, hachée
200 g (7 oz) de patates douces, pelées et hachées
1 c. à soupe de basilic frais, déchiqueté
50 g (½ tasse) de petits pois surgelés

Faites revenir l'oignon et le poivron rouge dans l'huile d'olive jusqu'à ce qu'ils soient ramollis. Ajoutez l'ail et faites revenir pendant 1 minute. Incorporer le poulet et continuez la cuisson pendant 3 à 4 minutes. Ajoutez le jus de pommes et le bouillon et incorporez la courgette et la patate douce. Portez à ébullition, couvrez et laissez mijoter pendant environ 8 minutes. Ajoutez les pois et continuez la cuisson pendant 3 minutes. Hachez ou réduisez en purée jusqu'à l'obtention de la consistance voulue.

Poulet et légumes d'hiver ❄ ☺ ☹

DONNE 6 PORTIONS

1 poitrine de poulet, avec os et sans peau
Un peu de farine
Huile végétale
1 petit oignon, pelé et haché fin
1 blanc de poireau, lavé et tranché
3 carottes, pelées et tranchées
1 tige de céleri, apprêtée et tranchée
400 ml (1 ²/₃ tasse) de bouillon de poulet (voir page 76)

Préchauffez le four à 180 °C/350 °F/gaz 4. Coupez la poitrine de poulet en deux, enfarinez chaque moitié et faites dorer dans une petite quantité d'huile pendant 3 à 4 minutes. Dans une autre poêle, faites revenir 5 minutes oignon et poireau dans un peu d'huile, pour attendrir et dorer. Mettez le poulet, tous les légumes et le bouillon dans un plat à four. Mettez au four 1 heure et remuez à mi-cuisson.

Désossez le poulet et coupez la chair et les légumes en petits morceaux ou réduisez en purée au moulin ou au mélangeur avec le jus de cuisson.

Poulet au couscous ❄ ☺ ☹

DONNE 4 PORTIONS

1 c. à soupe de beurre
25 g (¼ de tasse) d'oignon haché
25 g (¼ de tasse) de pois cuits surgelés
175 ml (¾ de tasse) de bouillon de poulet (voir page 76)
65 g (2 ½ oz) de couscous à cuisson rapide
50 g (2 oz) de poulet cuit coupé en cubes

Faites fondre le beurre dans une casserole et faites revenir l'oignon jusqu'à ce qu'il soit ramolli mais non coloré. Incorporez les pois, ajoutez le bouillon, portez à ébullition et faites cuire pendant 3 minutes. Incorporez le couscous, retirez du feu, couvrez et laissez reposer pendant 6 minutes. Aérez le couscous à l'aide d'une fourchette et ajoutez-y le poulet en cubes.

Viande

Bœuf aux carottes ✳ ☺ ☹

Le goût riche et savoureux de ce plat résulte de la cuisson lente de la viande, pour l'attendrir et lui donner la saveur des oignons et des carottes

DONNE 10 PORTIONS

2 oignons moyens, pelés et tranchés
Huile végétale
350 g (3/4 de lb) de bœuf à ragoût maigre, sans gras et coupé en petits morceaux
2 carottes moyennes, pelées et tranchées
1 cube de bouillon de bœuf, émiettée ou 1 c. à café (à thé) de Marmite
1 c. à soupe de persil haché
600 ml (2 ½ tasses) d'eau
2 grosses pommes de terre, coupées en quartiers

Préchauffez le four à 180 °C/350 °F/gaz 4. Faites dorer les oignons dans un peu d'huile, puis ajoutez la viande et faites brunir de toutes parts. Déposez viande et oignons dans un plat à four et ajoutez tous les ingrédients, sauf les pommes de terre. Couvrez et mettez au four. Après 30 minutes, diminuez la chaleur à 160 °C/325°F/ gaz 3 et cuisez encore 3 ½ heures. Une heure avant la fin de la cuisson, ajoutez les pommes de terre. (Si la viande s'assèche trop pendant la cuisson, ajoutez un peu d'eau.)

Hachez la viande très fin au robot de cuisine ou au mélangeur. Pour varier, vous pouvez aussi inclure des champignons et des tomates à ce plat, en les ajoutant ½ heure avant la fin de la cuisson.

Casserole savoureuse au foie ❄ ☺ ☹

Le foie est facile à digérer, est une bonne source de fer et s'avère très facile à cuisiner. Je dois avouer que je n'aime pas le goût du foie mais, à mon grand étonnement, mon fils l'adorait quand il avait un an. Cette recette s'accompagne bien d'une purée de pommes de terre.

DONNE 4 PORTIONS

120 g (¼ de lb) de foie de veau, paré et tranché
2 c. à soupe d'huile végétale
1 petit oignon, pelé et haché
1 grosse carotte (ou 2 moyennes), pelée et hachée
220 ml (1 tasse) de bouillon de poulet ou de légumes
2 tomates moyennes, pelées, épépinées et hachées
2 c. à café (à thé) de persil frais, haché

Faites revenir le foie dans 1 c. à soupe de l'huile jusqu'à ce qu'il soit doré ; réservez. Faites chauffer le reste de l'huile dans un poêlon et faites revenir l'oignon 2 à 3 minutes. Ajoutez la carotte hachée et faites revenir 2 minutes ; ajoutez le bouillon, portez à ébullition, couvrez et laissez mijoter environ 15 minutes. Hachez le foie en petits morceaux et ajoutez au poêlon avec les tomates et le persil ; faites cuire 3 minutes. Servez tel quel avec une purée de pommes de terre ou réduisez au mélangeur pour obtenir une purée à texture grossière.

Ragoût de veau ❄ ☺ ☹

Un plat délicieux de veau, de légumes et de fines herbes. Pour un repas familial, augmentez tout simplement les quantités.

DONNE 3 PORTIONS

1 petit oignon, haché fin
1 carotte, grattée et tranchée
½ branche de céleri, tranchée
Huile végétale
110 g (¼ de lb) de veau à ragoût maigre

1 brin de romarin
1 brin de persil
125 ml (½ tasse) d'eau

Dans un faitout, faites revenir 3 minutes oignon, carotte et céleri dans un peu d'huile. Coupez le veau en morceaux et ajoutez aux légumes, avec fines herbes et eau. Couvrez et faites mijoter à feu doux 1 heure (en remuant 1 fois). Quand c'est cuit, retirez les fines herbes et hachez veau et légumes au robot de cuisine.

Mini-steaks à l'échalote et aux champignons ❄ ☺ ☹

Donne 4 portions

1 pomme de terre d'environ 225 g (½ lb), pelée et hachée
1 échalote ou 25 g (¼ de tasse) d'oignon, pelé et haché finement
1 c. à soupe d'huile végétale
110 g (¼ de lb) de filet de bœuf
50 g (⅔ de tasse) de champignons, lavés et hachés
1 c. à soupe de beurre
1 tomate, pelée, épépinée et hachée
2 c. à soupe de lait

Faites bouillir la pomme de terre jusqu'à ce qu'elle soit tendre et égouttez. Pendant ce temps, faites revenir l'échalote dans l'huile végétale jusqu'à ce qu'elle soit ramollie. Déposez à la cuiller la moitié de la quantité de l'échalote sur une feuille d'aluminium. Coupez le bœuf en tranches de 1,25 cm (½ po) d'épaisseur et disposez-les sur les échalotes. Étalez le reste de l'échalote sur le bœuf. Faites cuire sous le gril préchauffé 3 minutes de chaque côté, ou jusqu'à ce que la viande soit cuite. Faites revenir les champignons dans la moitié de la quantité de beurre 2 minutes, ajoutez la tomate et continuez la cuisson 1 minute. Pilez la pomme de terre avec le lait et le reste du beurre jusqu'à consistance lisse. Hachez ou réduisez en purée le bœuf avec l'échalote, les champignons et la tomate et mélangez à la purée de pommes de terre.

Mini-hachis Parmentier ❄ ☺ ☹

Préparez des portions individuelles dans des ramequins que vous pourrez faire congeler et utiliser les jours où vous n'avez pas le temps de cuisiner.

DONNE 3 PORTIONS

110 g (¼ de lb) de carottes, pelées et hachées
225 g (½ lb) de pommes de terre, pelées et hachées
1 c. à soupe d'huile d'olive
1 petit oignon, pelé et haché
25 g (1 oz) de poivron rouge, cœur enlevé, épépiné et coupé en dés
1 petite gousse d'ail, pelée et écrasée
175 g (6 oz) de bœuf haché maigre
1 c. à soupe de persil frais haché
2 c. à café (à thé) de purée de tomates
100 ml (3 ½ oz) de bouillon de poulet (voir page 76)
1 c. à soupe de beurre
1 c. à soupe de lait
1 œuf, battu

Mettez les carottes dans une casserole d'eau bouillante et faites cuire pendant 5 minutes. Ajoutez les pommes de terre et faites cuire 15 minutes de plus.

Entre-temps, faites chauffer l'huile dans une poêle et faites revenir l'oignon et le poivron rouge 3 à 4 minutes. Ajoutez l'ail et faites revenir 1 minute. Ajoutez le bœuf haché et faites dorer. Pour donner à la viande une texture plus fine, passez-la au robot culinaire pendant quelques secondes ; remettez-la dans la poêle, ajoutez le persil, la purée de tomates et le bouillon de poulet, portez à ébullition, couvrez et faites mijoter pendant environ 5 minutes. Lorsque les pommes de terre et les carottes sont cuites, égouttez-les et pilez-les avec le beurre et le lait.

Répartissez la viande dans 3 ramequins d'environ 10 cm (4 po) de diamètre. Surmontez de purée de pommes de terre et de carottes. Badigeonnez d'un peu d'œuf battu, faites chauffer au four préchauffé à 180 °C/350 °F/gaz 4, et placez sous le gril préchauffé jusqu'à ce que le dessus soit doré.

Risotto à la viande et aux légumes

DONNE *8 PORTIONS*

½ oignon, pelé et haché fin
1 carotte, grattée et hachée fin
1 c. à soupe d'huile végétale
1 petite gousse d'ail
225 g (½ lb) de bœuf haché maigre
1/2 c. à soupe de ketchup
Quelques gouttes de sauce Worcestershire

RIZ
75 g (⅓ de tasse) de riz
300 ml (1 ¼ tasse) de bouillon de poulet (voir page 76)
½ poivron rouge, épépiné et haché fin
50 g (½ tasse) de petits pois, frais ou congelés

Mettez le riz dans une casserole et couvrez de bouillon de poulet. Portez à ébullition et faites mijoter 10 minutes. Ajoutez le poivron rouge et faites cuire, sans couvercle, pendant 5 minutes. Ajoutez les pois et continuez la cuisson pendant 2 minutes ou jusqu'à ce que le riz soit tendre et que le liquide soit absorbé.

Entre-temps, faites revenir oignon et carotte dans un peu d'huile végétale 3 minutes. Ajoutez l'ail et faites revenir pendant 1 minute. Ajoutez la viande et cuisez, en remuant, pour bien brunir. Incorporez ketchup et sauce Worcestershire, puis cuisez à feu doux 10 minutes. Hachez la viande au robot de cuisine environ 30 secondes, pour qu'elle soit plus facile à mâcher pour votre bébé. Mettez la viande dans une casserole, incorporez le riz (avec le bouillon de poulet) et cuisez à feu doux 3 à 4 minutes.

Pâtes alimentaires

Confettis de coquilles ❄ ☺ ☹

J'ai reçu tellement de demandes de recettes de petites pâtes que j'ai créé ma propre gamme de mini-pâtes biologiques, allant de minuscules pâtes sans gluten en forme d'étoiles jusqu'à des mini-coquilles biologiques, des pâtes en forme d'animaux et des lettres de l'alphabet. Vous pouvez mélanger les Confettis de coquilles à plusieurs différents légumes, comme les pois et le brocoli.

DONNE 2 À 3 PORTIONS

1 c. à soupe de beurre
40 g (½ tasse) de carotte, pelée et coupée en dés
40 g (½ tasse) de courgette, parée et coupée en dés
1 tomate moyenne, pelée, épépinée et hachée
60 g (2 oz) de petites pâtes
3 c. à soupe de crème simple
30 g (¼ de tasse) de parmesan râpé

Faites fondre le beurre et faites revenir la carotte pendant 3 minutes. Ajoutez la courgette et faites cuire à feu doux pendant 8 minutes. Ajoutez la tomate et faites cuire pendant 1 minute de plus.

Faites cuire les pâtes dans une grande quantité d'eau bouillante pendant 6 minutes. Égouttez-les et mélangez-les aux légumes. Retirez du feu et incorporez la crème et le parmesan.

Sauce bolognaise à l'aubergine ❄ ☺ ☹

Donne 12 portions de sauce

1 oignon moyen, pelé et haché
¼ de gousse d'ail, pelée et écrasée
Huile végétale pour frire
450 g (1 lb) de bœuf ou d'agneau haché maigre
2 c. à soupe de concentré de tomate
4 tomates, pelées, épépinées et hachées
¼ de c. à café (à thé) de fines herbes mélangées séchées
2 c. à soupe de farine
450 ml (1 ³⁄₄ tasse) de bouillon de poulet (voir page 76)
1 aubergine, pelée et tranchée
110 g (¼ de lb) de champignons, tranchés

Faites revenir l'oignon et l'ail dans l'huile jusqu'à ce qu'il soit tendre. Ajoutez la viande et la faire brunir. Hacher au robot culinaire et remettre dans le poêlon. Ajouter le concentré de tomate, les tomates, les herbes, la farine et le bouillon et faire mijoter 45 minutes. Faites frire l'aubergine dans l'huile jusqu'à ce qu'elle soit dorée et l'éponger avec du papier absorbant. Hacher au robot culinaire. Faites sauter les champignons dans l'huile et ajoutez-les à la sauce.

Coquilles à la bolognaise aux légumes ❄ ☺ ☹

Une délicieuse sauce tomate agrémentée de cinq légumes.

DONNE 8 PORTIONS

2 c. à soupe d'huile d'olive
1 petit oignon rouge, haché finement
1 petit poireau, tranché mince
3 champignons, tranchés
1 carotte, râpée
1 branche de céleri, coupée en dés
1 gousse d'ail, écrasée
150 ml (5 oz) de bouillon de bœuf ou de poulet (voir page 76)
250 g (½ lb) de bœuf haché
2 boîtes de 400 g (13 oz) chacune de tomates hachées
3 c. à soupe de purée de tomates
1 c. à soupe de pâte de tomates séchées
250 g (½ lb) de mini-coquilles

Faites chauffer 1 c. à soupe d'huile d'olive dans une poêle et faites revenir l'oignon pendant 3 minutes. Ajoutez le poireau, les champignons, la carotte et le céleri et faites revenir pendant 7 minutes. Ajoutez l'ail et faites revenir pendant 1 minute. Ajoutez la moitié du bouillon et laissez mijoter pendant 10 minutes, passez ensuite le tout au robot culinaire. Faites chauffer l'autre cuiller à soupe d'huile d'olive dans une grande poêle à frire et faites dorer le bœuf haché pendant 5 minutes, en veillant à bien briser la viande. Ajoutez les tomates hachées, la purée de tomates, la pâte de tomates séchées et le reste du bouillon, et faites cuire pendant 10 minutes. Ajoutez les légumes mélangés et faites cuire pendant 2 minutes.

Entre-temps, faites cuire les pâtes selon les directives sur l'emballage. Égouttez et nappez de sauce.

Coquilles au poulet et brocoli ❄ ☺ ☹

DONNE 2 PORTIONS

40 g (½ tasse) de bouquets de brocoli
1 c. à soupe de beurre
2 c. à soupe de farine
150 ml (5 oz) de lait
3 c. à soupe de gruyère, râpé
3 c. à soupe de parmesan, râpé
3 c. à soupe de mascarpone
40 g (1 ½ oz) de pâtes en forme de coquilles
30 g (1 oz) de poulet cuit, coupé en dés

Faites cuire à la vapeur le brocoli pendant 4 à 5 minutes. Faites fondre le beurre, incorporez la farine en remuant et faites cuire pendant 1 minute. Ajoutez graduellement le lait et continuez de remuer pendant 5 minutes à feu doux jusqu'à ce que la sauce ait épaissi. Retirez du feu, incorporez le gruyère et le parmesan jusqu'à ce qu'ils soient fondus, et ajoutez le mascarpone en remuant.

Entre-temps, faites cuire les pâtes selon les directives sur l'emballage. Égouttez et ajoutez le brocoli, le poulet et la sauce au fromage.

Étoiles à la sauce aux légumes ❄ ☺ ☹

Parce qu'elle contient du fromage et des légumes, cette succulente sauce aux tomates fraîches est plus nutritive que les sauces aux tomates habituelles.

DONNE 2 PORTIONS

1 carotte moyenne, pelée et tranchée
110 g (¼ de lb) de bouquets de chou-fleur
3 c. à soupe de pâtes en forme d'étoile ou autres petites pâtes
1 ½ c. à soupe de beurre
300 g (11 oz) de tomates mûres, pelées, épépinées et hachées
50 g (½ tasse) de cheddar, râpé

Mettez les tranches de carotte dans la partie inférieure d'un cuiseur à vapeur. Couvrez d'eau bouillante et faites cuire à feu moyen pendant 10 minutes. Mettez les bouquets de chou-fleur dans le panier du cuiseur, placez-le au-dessus des carottes et faites cuire pendant 5 minutes ou jusqu'à ce que les légumes soient tendres. Faites cuire les pâtes en étoile dans de l'eau bouillante selon les directives sur l'emballage. Entre-temps, faites fondre le beurre et faites revenir les tomates pendant environ 3 minutes ou jusqu'à ce qu'elles soient ramollies. Incorporez le cheddar jusqu'à ce qu'il soit fondu. Ajoutez la carotte et le chou-fleur cuits aux tomates et au fromage. Mélangez aux pâtes en étoile.

Menus pour les bébés de neuf à douze mois

	Matin	Collation	Midi	Collation	Soir	Au coucher
Jour 1	**Müesli suisse aux fruits – Abricots séchés avec papaye et poire** avec yogourt Lait	Lait	**Boulettes de poulet et de pomme** Légumes à prendre avec les doigts **Pouding au riz aux fraises** Eau	Lait	**Mini-sandwiches** Légumes à prendre avec les doigts Jus ou eau	Lait
Jour 2	*Chex* (ou autre céréale) Fromage sur pain grillé Fruit Lait	Lait	**Mini-steaks à l'échalote et aux champignons** Yogourt et fruits Eau	Lait	**Étoiles à la sauce aux légumes** Yogourt Jus ou eau	Lait
Jour 3	Œufs brouillés et pain grillé – Fruits et fromage cottage Lait	Lait	**Boulettes de saumon Sucettes aux fruits frais** Eau	Lait	**Riz brun exquis** Fruit Jus ou eau	Lait
Jour 4	**Crêpes passe-partout** Fruit Lait	Lait	**Mini hachis parmentier** Fruit Eau	Lait	**Légumes au fromage Pommes et mûres** Jus ou eau	Lait

	Matin	Collation	Midi	Collation	Soir	Au coucher
Jour 5	Pain doré à l'emporte-pièce **Flan aux abricots, pomme et poire** Lait	Lait	**Poulet « bang bang » Riz brun exquis Yogourt et fruits** Eau	Lait	**Risotto à la courge musquée** Fruit Jus ou eau	Lait
Jour 6	**Müesli aux fruits d'été** Yogourt avec fruits séchés Lait	Lait	**Coquilles à la bolognaise aux légumes Pommes et mûres** Eau	Lait	**Bâtonnets de plie** Légumes à prendre avec les doigts **Sucettes aux fruits frais** Jus ou eau	Lait
Jour 7	**Œuf brouillé au fromage** Languettes de pain grillé Yogourt à la pêche et à la banane Lait	Lait	**Poulet au couscous Fruit frais avec trempette au yogourt** Eau	Lait	**Purée de lentilles et de légumes à la pomme** Bâtonnets de fromage **Pommes au four avec raisins secs** Jus ou eau	Lait

Une fois qu'ils ont atteint l'âge d'un an, les bambins préfèrent souvent se nourrir par eux-mêmes. Plus votre enfant s'exercera à manger avec une cuiller et une fourchette, plus il maîtrisera rapidement l'art de se nourrir lui-même ; il est même possible qu'une partie des aliments se retrouve dans sa bouche ! Un bavoir du type « pélican » – rigide, doté d'une rigole dans la partie inférieure conçue pour récupérer les aliments en chute libre – est un outil très utile. Si votre bambin a de la difficulté à manger avec une cuiller, offrez-lui plutôt des aliments qu'il peut prendre avec ses doigts tels que des languettes de poisson ou de légumes crus, et de la trempette. Veillez, cependant, à éloigner les aliments comme les olives, les noix et les litchis frais de votre jeune enfant. Il serait trop facile pour lui de s'étouffer avec ce type d'aliments.

Des repas agréables ensemble

Les bambins ont un petit estomac et, souvent, ne peuvent manger suffisamment à l'heure des repas pour combler tous leurs besoins énergétiques ; on doit donc leur offrir trois repas et trois collations à des moments déterminés pendant le jour. C'est une bonne idée d'avoir dans votre réfrigérateur une sélection de collations santé. Les bambins qui prennent l'habitude de manger des collations santé ont tendance à la conserver en vieillissant. Or, il faut éviter de défendre à tout prix les friandises : plus vous défendrez à votre enfant d'en manger, plus il en voudra et il aura tendance à s'en empiffrer lorsque l'occasion se présentera.

Il est parfois étonnant de constater que bien des bambins apprécient les mets raffinés. Les plats sautés accompagnés de nouilles ou de riz sont souvent très appréciés. Vous pouvez acheter des baguettes en forme de longues pinces à linge pour enfants, les enfants les adorent. Évitez les croquettes de poulet enrobées de chapelure et faites plutôt mariner du poulet comme dans ma recette Poulet et nouilles à la thaïlandaise ou Satés de poulet (voir page 170 et 172). Même si vous n'avez pas envie de préparer votre propre marinade, il en existe de très bonnes dans le commerce qui rehausseront les aliments que vous servez à votre enfant. Laissez-le goûter aux aliments dans votre assiette et vous serez surpris des saveurs qui lui plaisent.

Vous pouvez donc, de temps en temps, inciter votre enfant à mieux manger si vous le laissez goûter au contenu de votre assiette ; à cette étape-ci, le bambin peut, en grande partie, manger les mêmes choses que les adultes. Je suis tout à fait d'accord pour donner des aliments « pour adultes » aux enfants le plus tôt possible, et presque toutes les recettes qui suivent conviennent à toute la famille. Efforcez-vous de manger avec votre enfant au lieu de simplement lui introduire de la nourriture dans la bouche. Il sera plus heureux de manger *avec* vous – après tout, qui aime manger seul ?

Essayez de changer vos propres habitudes alimentaires en consommant moins de sel et de sucre. Demandez à votre enfant de vous aider à planifier les repas, à en acheter les ingrédients et à les préparer. Vous ne pouvez pas bien sûr faire cela chaque jour, mais si vous le faites de temps à autre, vous permettrez à votre enfant de découvrir de nouveaux mets.

Mon enfant ne veut pas manger !

Il est facile de se décourager quand son enfant refuse de manger quoi que ce soit, lorsque les oignons sont visibles ou que les sauces sont truffées de machins verts. Évitez d'en faire « tout un plat ». Dites plutôt « d'accord », mais ne lui offrez rien d'autre jusqu'au prochain repas. Refuser de manger perd beaucoup de son attrait si maman ne réagit pas et vous constaterez rapidement que votre enfant est moins capricieux lorsqu'il a vraiment faim. Évitez tout comportement négatif de votre part et félicitez votre enfant lorsqu'il goûte à quelque chose de nouveau. Même si un tout petit morceau entre dans sa bouche, ne ménagez pas les louanges. Un tableau avec des autocollants pourrait fonctionner : il en obtient un chaque fois qu'il goûte à un nouvel aliment ou à une nouvelle recette. Après un certain nombre d'étoiles, il obtient une récompense.

Votre enfant n'est pas le seul enfant à être capricieux en matière de nourriture. Étonnamment, les bambins peuvent être florissants de santé même lorsqu'ils mangent très peu. Ils sont aussi imprévisibles : ils raffolent de quelque chose le lundi et refusent d'en manger le mardi. Certains jours, ils ont un appétit de loup, d'autres jours, ils ont à peine faim. Vous trouverez sûrement rassurant d'étudier la quantité de nourriture que votre enfant mange au cours d'une semaine.

Souvent, ce sont les collations entre les repas qui nuisent à son appétit. Évitez d'acheter des biscuits au chocolat et des croustilles, préférez plutôt des collations santé comme des mini-sandwichs ou des fruits .

Les boissons que votre enfant consomme peuvent avoir une incidence énorme sur son appétit. Donnez-lui des jus ou des laits battus composés de jus de fruits à 100 p. cent au lieu de boissons qui regorgent d'édulcorants, de parfums, de colorants artificiels et de sucre. Un verre de boisson aux jus de fruits peut contenir jusqu'à 6 c. à café (à thé) de sucre. L'eau du robinet est la meilleure façon d'étancher sa soif ; elle est sécuritaire, économique et exempte de calories.

Transformez un sandwich au beurre d'arachide tout simple en une gâterie irrésistible simplement en le coupant en forme de cœur ou d'ourson à l'aide d'un emporte-pièce. Au lieu de présenter à votre enfant un fruit entier dans un bol, préparez plutôt des brochettes de petites bouchées de fruits ou enfilez-les sur une paille, ou réduisez les fruits en purée et préparez de délicieuses sucettes glacées.

Évitez de présenter à votre enfant des assiettes débordantes de nourriture ; il est de loin préférable qu'il en redemande. Les bambins adorent les portions individuelles d'aliments ; préparez donc des mini-portions de tourtes plus grandes.

Réussir à convaincre un enfant de goûter à quelque chose de nouveau n'est pas tâche facile. Deux de mes trois enfants étaient sélectifs ; j'ai donc essayé tous les trucs. Inviter un ami qui aime manger à partager un repas est une excellente ruse. Évitez la confrontation ; il est grandement préférable de jouer à un jeu avec les aliments « étranges ». Vous pouvez par exemple bander les yeux de votre enfant et lui demander d'essayer une variété d'aliments et de deviner ce que c'est.

Les aliments de choix

Proportionnellement à leur poids, les enfants de moins de cinq ans nécessitent de plus grandes quantités de matières grasses que les adultes. Cela dit, à moins que votre enfant ait des kilos en trop, ne lui donnez pas d'aliments à teneur réduite en gras. Les fromages et les yogourts riches en matières grasses sont d'excellentes sources d'énergie dont votre tout-petit a besoin pour assurer sa croissance. Bien sûr, il y a toujours des exceptions à la règle, et un enfant qui souffre d'un excès de poids doit limiter sa consommation d'aliments traités et gras et consommer plutôt des produits laitiers faibles en gras.

Les aliments riches en fibres consommés en grandes quantités ne conviennent pas à cause du volume qu'ils occupent, de la sensation de satiété qu'ils entraînent et parce qu'ils ne fournissent pas suffisamment de calories pour l'enfant en pleine croissance. De plus, une alimentation riche en fibres peut nuire à l'absorption de minéraux importants comme le fer. Si votre enfant mange de bonnes quantités de fruits et de légumes, il aura ainsi toutes les fibres dont il a besoin.

Lorsque votre enfant aura atteint l'âge d'un an, vous pouvez remplacer le lait maternisé par du lait de vache entier, mais ne lui donnez pas du lait faible en gras avant l'âge de deux ans parce que la valeur énergétique de ce lait est faible et que votre enfant a besoin d'énergie pour grandir. Le lait écrémé ne devrait pas faire partie de l'alimentation de votre enfant avant l'âge de cinq ans. Les enfants de plus d'un an ont besoin de 440 ml (1 3/4 tasse) de lait entier par jour. Dans le cas d'enfants très capricieux, continuez de leur donner un lait maternisé de transition (enrichi de vitamines et de fer) jusqu'à l'âge de deux ans.

Bien que de plus en plus de gens délaissent la viande rouge à la faveur du poisson et du poulet, la viande rouge fournit plus de fer et de zinc que le poisson et le poulet. Préparez des repas savoureux avec de la viande hachée maigre. Un bon truc : faites cuire la viande et passez-la ensuite au robot culinaire pour qu'elle ne soit pas trop grumeleuse.

Évitez autant que possible les viandes traitées comme les saucisses, le salami et les charcuteries.

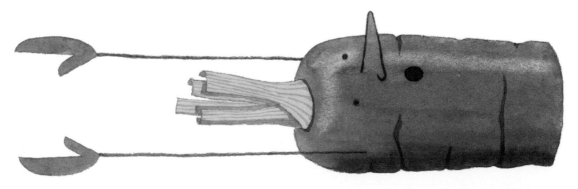

Les carences en fer peuvent entraîner des troubles de comportement et de concentration.

Si vous donnez à votre enfant une alimentation exclusivement végétarienne, ou s'il n'aime tout simplement pas la viande, veillez à inclure des aliments riches en nutriments comme le fromage et les œufs. Si votre enfant consomme une bonne variété d'aliments, une alimentation végétarienne peut lui fournir tous les nutriments dont il a besoin. Il est très important d'inclure quotidiennement des sources végétariennes de fer telles que légumes verts, légumineuses, céréales enrichies de vitamines et fruits séchés dans son alimentation. Assurez-vous aussi de lui donner des aliments et des boissons qui contiennent de la vitamine C au moment des repas riches en fer, qui aide à l'absorption du fer de source non animale.

Les pâtes demeurent les grandes préférées des bambins. Vous pouvez les combiner à d'autres aliments santé tels que légumes et thon. Les pâtes en morceaux individuels comme les penne ou les fusillis sont plus faciles à manger pour les enfants. (Quoique mon fils Nicholas, lorsqu'il avait 20 mois, a créé sa propre méthode de manger les spaghettis : il tenait le spaghetti par les deux extrémités en face de lui et l'aspirait par le centre ! En fait de bonnes manières, il n'aurait pas remporté le premier prix, mais la méthode était fort efficace.)

Des solutions de rechange à la malbouffe

Soixante-quinze p. cent du sel et des gras saturés que votre enfant consomme proviennent d'aliments transformés et de repas prêts-à-servir. La plupart des enfants consomment deux fois plus de sel qu'ils ne le devraient. Il est de loin préférable de préparer sa propre « malbouffe » santé. Essayez mes délicieuses recettes de Hamburgers juteux à la pomme ou de Pizza maison (pages 178 et 158).

Voici quelques solutions de rechange à la malbouffe :

Céréales enrobées de sucre :	Gruau, Weetabix ou müesli
Pépites de poulet :	Poulet mariné sur le gril (page 174) ou Poulet barbecue (page 171)
Bâtonnets de poisson :	Mini-tourtes de poisson (page 164) ou Fricadelles de saumon (page 160)
Pâtes alimentaires en conserve :	Pâtes avec Sauce tomate aux légumes invisibles (page 156)
Saucisses :	Boulettes de viande glacées à la sauce tomate (page 180) ou Mini-steaks minute (page 181)
Croustilles :	Maïs soufflé
Boissons aux fruits :	Jus de fruits purs

Fruits et desserts

Le présent chapitre comporte plusieurs recettes de délicieux desserts, faciles à préparer et appétissants pour toute la famille. Or, il n'y a rien d'aussi délicieux et de meilleur pour votre santé que des fruits frais et mûrs. Aucun des nutriments ni des vitamines n'est détruit par la cuisson, et les fruits font d'excellents aliments à manger avec les doigts pour votre bambin.

Les fruits débordent de puissants antioxydants et de substances naturelles appelées phytochimiques qui aident à stimuler le système immunitaire et à protéger le corps des maladies cardiovasculaires et du cancer. Les cas de cancers se multiplient. Environ le tiers de ceux-ci sont liés à notre alimentation, et les chercheurs évaluent qu'une alimentation composée en majeure partie de fruits et légumes au lieu de matières grasses et d'aliments traités, ainsi que de l'exercice, peuvent réduire l'incidence de cancers d'au moins 30 p. cent.

Un fruit entier dans un bol à fruits n'est pas très attrayant pour un enfant qui a faim, mais si vous lui présentez un beau choix de fruits frais coupés en morceaux et que vous les laissez sur la tablette inférieure du frigo, vous aiderez votre enfant à éviter les collations de croustilles et de biscuits.

Les fruits séchés sont très nutritifs parce que le processus de déshydratation en concentre les nutriments. N'en donnez pas trop entre les repas, cependant, parce qu'ils collent aux dents et même les sucres naturels peuvent causer des caries.

Les kiwis, les fruits citrins et les baies sont riches en vitamine C et aident à l'absorption du fer. Veillez donc à en inclure dans l'alimentation de votre enfant. Vous pouvez ajouter des fruits frais ou séchés aux céréales du matin. Vous pouvez aussi vous procurer une centrifugeuse pour faire vos propres laits frappés aux fruits frais. Les jus de fruits et les laits frappés du commerce sont également valables, mais méfiez-vous des boissons aux fruits qui souvent ne contiennent aussi peu que 10 p. cent de jus. Lisez bien les étiquettes. Les jus sont de bonnes sources de vitamines, mais souvenez-vous que ce n'est qu'en mangeant tout le fruit que votre enfant obtient des fibres.

Étant donné que différents fruits contiennent différents nutriments, assurez-vous d'en inclure une grande variété dans l'alimentation de votre enfant. Faites-lui essayer des fruits plus exotiques. Un kiwi contient plus de vitamine C que la quantité recommandée quotidiennement pour un adulte. Vous pouvez également préparer une salade de fruits tropicaux composée de mangue, de boules de melon, d'ananas dans une sauce faite de jus d'orange frais et de fruit de la passion ou de délicieuses sucettes glacées à partir de purées de fruits frais, de yogourt, de jus de fruits ou de laits frappés aux jus de fruits. C'est le type de gâteries auxquelles peu d'enfants résistent et une bonne façon d'encourager votre enfant à manger davantage de fruits.

Des crèmes glacées de toutes sortes sont vendues partout dans le monde. Or, la qualité de certains de ces produits pâlit comparativement à ceux que l'on peut préparer soi-même. Si vous achetez de la crème glacée, optez pour celles qui sont faites à partir d'ingrédients naturels. Si vous voulez tenter d'en faire vous-même, il vaut vraiment la peine d'investir dans une machine à crème glacée. Croyez-moi, vous ferez bon usage d'un appareil semblable au fil des années.

Dans le présent chapitre, les quantités suggérées sont pour des portions d'adulte. Chaque enfant étant différent, vous devez juger par vous-même de la portion à servir à votre enfant. Il peut manger le quart d'une portion pour adulte ou la portion au complet s'il est affamé et gourmand !

Les additifs alimentaires, surtout les colorants artificiels, ont été identifiés comme étant une cause d'hyperactivité chez les enfants et sont liés à des problèmes comme le THADA. Essayez de préparer vous-même la plupart des repas. Il se peut que le comportement de votre enfant change énormément.

Les bambins avec un excès de poids

En Amérique du Nord, un enfant sur dix de moins de cinq ans souffre d'embonpoint et 13 p. cent de tous les enfants sont obèses. Si votre enfant souffre d'embonpoint, vous devriez discuter avec votre médecin des meilleures façons de réduire son apport en calories. Optez pour des aliments plus sains au lieu de réduire les portions. Aucun enfant ne devrait avoir à souffrir de la faim. Éliminez les aliments sucrés, gras et traités. Offrez-lui des céréales riches en fibres ou des flocons de son, des pommes de terre au four au lieu de frites, et du poulet grillé ou rôti au lieu de pépites. Le lait faible en gras peut être introduit à partir de l'âge de deux ans.

L'obésité chez les enfants est un fléau dans tous les pays occidentaux. Chose intéressante, 90 p. cent de la malbouffe que les enfants consomment est achetée par leurs parents.

Légumes

Riz frit multicolore ☺ ☹

Les bébés adorent le riz et cette recette est très appétissante car elle est très colorée. Pour les bébés plus âgés, vous pouvez façonner de petits voiliers : coupez un poivron rouge en deux, remplissez les deux moitiés de riz et disposez deux croustilles de maïs à la verticale dans le riz en guise de voiles.

DONNE 6 PORTIONS D'ADULTE

225 g (1 ¼ tasse) de riz basmati
75 g (3/4 de tasse) de carottes, coupées en dés
75 g (3/4 de tasse) de pois surgelés
75 g (3/4 de tasse) de poivrons rouges, épépinés et coupés en dés
2 œufs, légèrement battus
3 c. à soupe d'huile végétale
1 petit oignon, pelé et haché finement
1 oignon vert, haché finement
1 c. à soupe de sauce soja
Sel

Lavez soigneusement le riz et faites-le cuire selon les directives sur l'emballage dans une casserole d'eau légèrement salée jusqu'à ce qu'il soit tendre. Faites cuire à la vapeur les carottes, les pois et les poivrons rouges 5 minutes ou jusqu'à ce qu'ils soient tendres. Faites chauffer 1 c. à soupe de l'huile dans un poêlon. Salez légèrement les œufs, ajoutez au poêlon en l'inclinant afin que les œufs battus forment une couche mince dans le fond et soient cuits comme une omelette très fine. Retirez du poêlon et coupez en fines lanières. Pendant ce temps, versez 2 c. à soupe d'huile dans un wok ou un poêlon et faites revenir l'oignon haché jusqu'à ce qu'il soit tendre. Ajoutez le riz et les légumes et faites cuire, en remuant, 2 à 3 minutes. Ajoutez les œufs et l'oignon vert et faites cuire, en remuant, 2 minutes de plus. Versez la sauce soja en filet avant de servir.

Pommes de terre farcies ❄ ☺ ☹

Les pommes de terre farcies font d'excellents repas pour les tout-petits. Il existe un nombre incalculable de garnitures à utiliser pour farcir les pommes de terre. Percez la peau de pommes de terre à plusieurs endroits et badigeonnez-les d'huile. Faites-les cuire dans un four préchauffé à 190 °C/375 °F/gaz 5 pendant 75 à 90 minutes ou jusqu'à ce qu'elles soient tendres. Pour réduire le temps de cuisson, vous pouvez aussi percer la peau des pommes de terre, les envelopper dans un papier absorbant et les faire cuire au four micro-ondes à température maximale pendant 7 à 8 minutes. Badigeonnez les pommes de terre d'huile et poursuivez-en la cuisson au four pendant 45 à 50 minutes ou jusqu'à ce qu'elles soient tendres.

Retirez soigneusement la chair en veillant à en conserver suffisamment sur le pourtour pour permettre aux pelures de conserver leur forme. Vous pouvez ensuite les remplir de la garniture de votre choix.

Garniture aux légumes et fromage ❄ ☺ ☹

DONNE 4 PORTIONS D'ADULTE

25 g (¼ de tasse) chacun de bouquets de brocoli et de chou-fleur
4 pommes de terre moyennes, ou 2 grosses pommes de terre, cuites au four
1 c. à soupe de beurre
125 ml (½ tasse) de lait
50 g (½ tasse) de cheddar, râpé
2 tomates moyennes, pelées et coupées en petits morceaux
½ c. à café (à thé) de sel
Cheddar, râpé, pour garnir

Faites cuire le brocoli et le chou-fleur à la vapeur jusqu'à ce qu'ils soient tendres (environ 6 minutes) ; hachez-les finement. Pilez la chair de pommes de terre avec le beurre et le lait jusqu'à consistance onctueuse et crémeuse. Incorporez le fromage, les tomates, les légumes cuits hachés et le sel, et remplissez la pelure des pommes de terre de ce mélange. Parsemez le dessus d'un peu de fromage râpé et faites dorer sous un gril préchauffé.

Pommes de terre farcies au thon et maïs sucré ❄ ☺ ☹

Si vous n'avez pas le temps de faire cuire les pommes de terre au four, faites-les cuire au four micro-ondes, mais leur peau ne sera pas croustillante.

DONNE 2 PORTIONS D'ADULTE

2 pommes de terre cuites au four
200 g (7 oz) de thon en conserve, dans l'huile, égoutté
75 g (³/₄ de tasse) de maïs en conserve ou surgelé, cuit
2 c. à soupe de mayonnaise
2 c. à soupe de lait
2 oignons verts, tranchés mince (facultatif)
75 g (³/₄ de tasse) de cheddar, râpé
Sel et poivre
1 c. à soupe d'huile d'olive

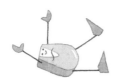

Coupez les pommes de terre en deux sur la longueur et retirez-en la chair, en en conservant sur le pourtour pour leur permettre de conserver leur forme. Ajoutez à la chair de pommes de terre le thon émietté, le maïs, la mayonnaise, le lait, l'oignon vert (si utilisé) et 50 g (2 oz) du fromage râpé, et salez et poivrez légèrement. Remplissez les pelures de pommes de terre de ce mélange, parsemez du reste du fromage, placez-les sur une tôle à biscuits et arrosez d'un filet d'huile. Faites cuire pendant 10 minutes dans un four préchauffé à 180 °C/350 °F/gaz 4 jusqu'à ce que le dessus soit doré.

Rissoles aux légumes ❄ ☺ ☹

Les noix et le tofu sont excellents pour les végétariens car ils contiennent un bon nombre des nutriments habituellement de source animale. Le tofu et les noix d'acajou sont tous deux d'excellentes sources de protéines et de fer.

DONNE 10 RISSOLES

150 g (1 ¼ tasse) de carottes, râpées
1 courgette moyenne, extrémités enlevées, râpée
65 g (1 tasse) de poireaux, hachés finement
1 gousse d'ail, pelée et écrasée
200 g (2 ½ tasses) de champignons, hachés
1 ½ c. à soupe de beurre
200 g (7 oz) de tofu ferme, coupé en morceaux
100 g (½ tasse) de noix d'acajou, non salées, hachées finement
100 g (2 tasses) de panure de pain blanc (faite à partir de pain tranché)
1 c. à soupe de sauce soja
1 c. à soupe de miel liquide
Sel et poivre
Farine pour enrober
Huile végétale pour la friture

Préparez les légumes et, à l'aide des mains, exprimez tout excès de liquide des carottes et de la courgette râpées. Faites fondre le beurre dans un poêlon et faites revenir les poireaux, l'ail, les carottes et la courgette 2 minutes. Ajoutez les champignons et faites cuire 2 à 3 minutes, en remuant de temps à autre.

Ajoutez le tofu, les noix d'acajou, la panure, la sauce soja, le miel, le sel et le poivre, mélangez bien et façonnez 10 rissoles. Enfarinez et faites dorer dans l'huile environ 2 minutes.

Salade de couscous confettis ☺ ☹

Ce couscous est délicieux et se prépare en moins de 10 minutes.

DONNE 1 PORTION

45 g (1 ½) oz de couscous
125 ml (½ tasse) de bouillon de légumes chaud
20 g (¼ de tasse) de poivron rouge, coupé en dés
½ carotte moyenne, pelée et coupée en dés
2 oignons verts, tranchés
1 c. à soupe de raisins secs
1 ½ c. à soupe de noix de pin, rôties

VINAIGRETTE
1 c. à soupe d'huile d'olive
1 ½ c. à café (à thé) de jus de citron
½ c. à café (à thé) de miel
Sel et poivre

Mettez le couscous dans un bol. Versez-y le bouillon de légumes chaud et laissez reposer pendant 5 minutes.

Aérez le couscous à l'aide d'une fourchette. Incorporez les légumes coupés en dés, les raisins secs et les noix de pin.

Fouettez les ingrédients de la vinaigrette et versez sur le couscous. Salez et poivrez au goût.

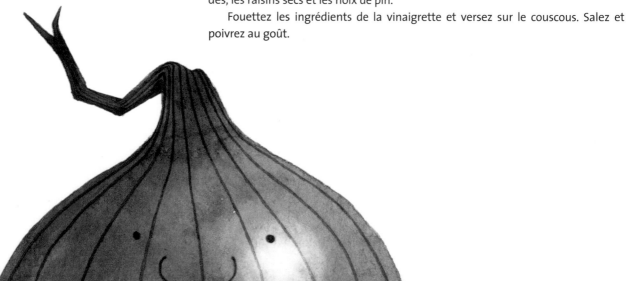

Omelette espagnole ☺ ☹

Très bonne servie froide, coupée en pointes, le lendemain. Je suggère également certains ajouts à l'omelette de base.

Donne 4 portions d'adulte

3 c. à soupe d'huile d'olive
180 g (6 oz) de pommes de terre, pelées et coupées en cubes de 1,25 cm (½ po)
1 oignon, pelé et haché finement
½ petit poivron rouge, épépiné et haché
40 g (½ tasse) de pois surgelés
4 œufs
2 c. à soupe de parmesan, râpé
Sel et poivre

Variantes suggérées :
2 c. à soupe de fromage suisse, râpé, au lieu du parmesan
1 grosse tomate, pelée, épépinée et hachée
ou
50 g (²⁄₃ de tasse) de champignons, tranchés
1 c. à soupe de ciboulette, ciselée
ou
100 g (²⁄₃ de tasse) de jambon cuit ou de bacon, coupé en dés
50 g (½ tasse) de grains de maïs au lieu des pois

Faites chauffer l'huile dans un poêlon de 18 cm (7 po) à revêtement antiadhésif. Faites frire les pommes de terre et l'oignon 5 minutes, ajoutez ensuite le poivron rouge et faites cuire 5 minutes de plus. Ajoutez les pois et poursuivez la cuisson 5 minutes. Battez les œufs avec 1 c. à soupe d'eau et le parmesan ; salez et poivrez. Versez le mélange sur les légumes et faites cuire 5 minutes ou jusqu'à ce que l'omelette soit presque prise. Pour terminer, placez sous le gril chaud environ 3 minutes ou jusqu'à ce qu'elle soit dorée. (Enrobez la poignée du poêlon de papier d'aluminium pour éviter qu'elle ne brûle, si nécessaire.) Coupez en triangles et servez-les chauds ou froids avec une salade.

Sauce tomate aux légumes invisibles ❄ ☺ ☹

La recette par excellence pour les enfants qui refusent de manger leurs légumes. Ceux-ci, réduits en purée au mélangeur avec la sauce, sont ni vus, ni connus ! Cette sauce savoureuse peut servir de fond à pizza ou comme sauce pour le poulet et le riz.

DONNE 4 PORTIONS D'ADULTE

2 c. à soupe d'huile d'olive légère
1 gousse d'ail, pelée et écrasée
1 oignon moyen, pelé et haché finement
100 g (1 tasse) de carottes, pelées et râpées
50 g (½ tasse) de courgettes, râpées
50 g (²/₃ de tasse) de champignons, tranchés
1 c. à café (à thé) de vinaigre balsamique
400 g (1 ³/₄ tasse) de passata (coulis de tomates)
1 c. à café (à thé) de cassonade moelleuse
1 cube de bouillon de légumes dissous dans 375 ml (1 ½ tasse) d'eau bouillante
Une poignée de feuilles de basilic, déchiquetées
Sel et poivre noir fraîchement moulu

Faites chauffer l'huile dans une casserole, ajoutez l'ail écrasé et faites revenir quelques secondes. Ajoutez l'oignon et faites revenir 2 minutes de plus. Ajoutez les carottes, les courgettes et les champignons et faites revenir 4 minutes, en remuant de temps à autre. Ajoutez le vinaigre balsamique et faites cuire 1 minute. Incorporez, en remuant, la *passata* et la cassonade, couvrez et laissez mijoter 8 minutes. Ajoutez le bouillon de légumes et faites cuire 2 minutes, en remuant constamment. Ajoutez le basilic et salez et poivrez au goût. Versez dans un mélangeur et réduisez en purée jusqu'à l'obtention d'une consistance lisse.

Pizza maison ☺☹

Vous pouvez utiliser des petits pains au choix, des moitiés de petites baguettes ou des pains pita séparés en deux et grillés pendant une minute ou deux comme base pour les pizzas.

DONNE DEUX PIZZAS INDIVIDUELLES

1 muffin anglais, coupé en deux
1 c. à soupe de bonne sauce tomate
1 c. à café (à thé) de pesto rouge
1 c. à soupe d'huile d'olive
½ petit oignon rouge, pelé et haché
2 champignons, tranchés
½ petite courgette, tranchée mince
1 tranche de jambon ou de salami, coupée en morceaux (facultatif)
50 g (½ tasse) de cheddar, ou de mozzarella, râpé
Sel et poivre fraîchement moulu

Faites griller les moitiés de muffin jusqu'à ce qu'elles soient dorées et laissez tiédir. Préchauffez le gril à température maximale. Mélangez la sauce tomate et le pesto et tartinez-en les moitiés de muffin. Faites chauffer l'huile d'olive dans une poêle à frire et faites cuire l'oignon pendant 2 minutes. Ajoutez les champignons et la courgette et faites cuire jusqu'à ce que les légumes soient ramollis. Salez et poivrez au goût.

Tartinez uniformément les moitiés de muffin du mélange aux légumes. Parsemez des morceaux de jambon ou de salami (si utilisés) et de fromage. Placez sous le gril dans un four préchauffé et faites cuire pendant environ 4 minutes ou jusqu'à ce que le dessus soit doré et bouillonne.

Poisson

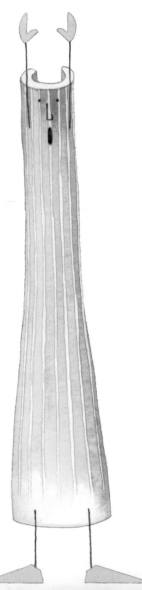

Fricadelles de saumon ❄ ☺ ☹

Le saumon est une bonne source d'acides gras oméga-3, essentiels au développement du cerveau et de la vue. Les médecins recommandent au moins deux repas de poisson riches en gras par semaine pour maintenir votre cœur en santé. Ces fricadelles sont savoureuses servies froides ou chaudes.

DONNE 8 FRICADELLES

300 g (11 oz) de pommes de terre, pelées et coupées en cubes
1 c. à soupe de beurre
400 g (14 oz) de saumon rouge en conserve, égoutté
½ petit oignon, pelé et haché finement
2 oignons verts, hachés finement
2 c. à soupe de ketchup aux tomates
Sel et poivre
Farine pour enrober
1 œuf, légèrement battu
75 g (¾ de tasse) de farine de pain azyme ou de chapelure
Huile pour la friture

Faites cuire les pommes de terre dans une casserole d'eau bouillante légèrement salée. Égouttez-les et pilez-les avec le beurre. Émiettez le saumon et retirez-en soigneusement les arêtes. Mélangez-le à la purée de pommes de terre avec l'oignon, les oignons verts, le ketchup aux tomates, et le sel et le poivre. Façonnez environ 8 fricadelles de poisson, enfarinez-les, trempez-les dans l'œuf battu et ensuite dans la farine de pain azyme ou la chapelure. Faites chauffer l'huile dans une grande poêle à frire et faites cuire les fricadelles des deux côtés jusqu'à ce qu'elles soient bien dorées.

Tourte de poissons ❄ ☺ ☹

Donne 6 portions d'adulte

350 g (³/₄ de lb) de filets de morue, sans la peau ou de saumon
360 ml (1 ½ tasse) de lait
1 feuille de laurier
4 grains de poivre
Un brin de persil frais
Sel et poivre
1 c. à soupe de beurre
3 c. à soupe de farine
40 g (¹/₃ de tasse) de cheddar, râpé
2 c. à soupe de ciboulette fraîche, ciselée
½ c. à soupe d'aneth, haché (facultatif)
2 c. à café (à thé) de jus de citron
1 œuf dur, haché
60 g (³/₄ de tasse) de pois surgelés, cuits selon les directives sur l'emballage

GARNITURE
550 g (1 ½ lb) de pommes de terre, pelées et coupées en morceaux
3 c. à soupe de beurre
2 c. à soupe de lait

Mettez le poisson dans une casserole avec le lait, la feuille de laurier, les grains de poivre, le persil, et le sel et le poivre. Portez à ébullition et laissez mijoter, à découvert, environ 5 minutes. Faites cuire les pommes de terre dans de l'eau bouillante. Égouttez-les et pilez-les avec 1 ½ c. à soupe du beurre et le lait. Egouttez le poisson et réservez le liquide. Faites fondre le beurre dans une casserole et incorporez, en remuant, la farine. Faites cuire doucement 1 minute ; incorporez graduellement le liquide de cuisson à l'aide d'un fouet et portez à ébullition. Laissez la sauce mijoter 2 à 3 minutes en brassant continuellement. Retirez du feu et incorporez, en remuant, le fromage râpé. Défaites le poisson en morceaux et incorporez-le à la sauce avec la ciboulette, l'aneth (si utilisé), le jus de citron, l'œuf haché et les pois. Étendez le mélange dans un plat allant au four, et recouvrez de la purée de pommes de terre. Faites cuire dans un four préchauffé à 180 °C/350 °F/gaz 4 pendant 15 à 20 minutes. Parsemez du reste du beurre et passez sous le gril environ 2 minutes jusqu'à ce que le dessus soit bien doré et croustillant.

Gratin de poisson de grand-maman
❄ ☺ ☹

DONNE 6 PORTIONS D'ADULTE

450 g (1 lb) de filets d'aiglefin
Farine
Sel et poivre
1 œuf, battu
2 tranches de pain brun, émietté en panure
Huile végétale
1 oignon, pelé et haché fin
1 poivron rouge et 1 vert, épépinés et hachés
400 g (14 oz) de tomates en conserve ou 2 c. à soupe de concentré de tomate

SAUCE
2 c. à soupe de beurre
1 c. à soupe de farine
250 ml (1 tasse) de lait
75 g (³/₄ de tasse) de fromage cheddar, râpé
90 ml (¹/₃ de tasse) de fromage parmesan, râpé

Enrobez les filets de poisson de farine salée et poivrée, puis d'œuf et, enfin, de panure. Faites frire dans l'huile, pour dorer des deux côtés. Égouttez sur du papier absorbant, puis défaites le poisson en petits morceaux et déposez dans un plat à four. Préchauffez le four à 180 °C/350 °F/gaz 4.

Faites revenir l'oignon 3 à 4 minutes avec un peu d'huile dans une sauteuse. Ajoutez les poivrons et continuez à cuire, pour attendrir. Égouttez les tomates, hachez, puis ajoutez dans la sauteuse. Cuisez encore 3 à 4 minutes, salez et poivrez, puis versez sur le poisson.

Préparez la sauce avec margarine, farine et lait à feu doux, en remuant jusqu'à consistance épaisse et homogène (voir page 67). Retirez du feu et incorporez un peu plus de la moitié du fromage. Versez la sauce sur le poisson et les légumes, puis garnissez du reste du fromage. Mettez au four 20 minutes, puis faites gratiner au gril.

Poisson aux champignons ❄ ☺ ☹

Pour les enfants plus vieux, cuisez 225 g (8 oz) d'épinards, puis déposez les filets entiers de poisson dessus avant de couvrir de sauce.

Donne 4 portions d'adulte

1 petit oignon, pelé et haché fin
3 c. à soupe de beurre
225 g (1 lb) de petits champignons, lavés et hachés fin
2 c. à soupe de jus de citron
1 c. à soupe de persil haché
2 c. à soupe de farine
300 ml (1 ¼ tasse) de lait
1 sole ou plie d'environ 200 g (7 oz), en filets

Préchauffez le four à 180 °C/350 °F/gaz 4. Faites revenir l'oignon dans la moitié du beurre, pour rendre translucide. Ajoutez champignons, jus de citron et persil, et cuisez 2 minutes. Incorporez la farine et cuisez encore 2 minutes en remuant sans arrêt. Versez le lait graduellement et continuez à cuire en remuant constamment, pour obtenir une sauce épaisse et homogène.

Faites frire le poisson dans le reste de la margarine. Coupez ou défaites en morceaux et mélangez à la sauce. Mettez au four environ 15 minutes.

Mini-tourtes de poisson ❄ ☺ ☹

Remplissez des petits ramequins que vous pourrez congeler et utiliser les jours où vous n'aurez pas envie de cuisiner.

DONNE 4 PETITES TOURTES DE POISSON

500 g (1 lb 2 oz) de pommes de terre, pelées et coupées en dés
4 c. à soupe de lait
75 g (⅓ de tasse) de beurre
1 petit oignon, haché finement
2 tomates, pelées, épépinées et hachées
1 ½ c. à soupe de farine
200 ml (7 oz) de lait
225 g (½ lb) de filet de morue, sans la peau et coupé en cubes assez gros
225 g (½ lb) de filet de saumon, sans la peau et coupé en cubes assez gros
1 c. à soupe de persil, haché
1 feuille de laurier
50 g (½ tasse) de cheddar, râpé
1 œuf, légèrement battu
Un peu de sel et de poivre fraîchement moulu (pour les enfants de plus d'un an)

Faites cuire les pommes de terre dans de l'eau bouillante légèrement salée jusqu'à ce qu'elles soient tendres (environ 15 minutes), égouttez-les et pilez-les avec les 4 c. à soupe de lait et la moitié du beurre ; salez et poivrez au goût (pour les enfants de plus d'un an).

Faites fondre le reste du beurre dans une casserole à fond épais et faites revenir l'oignon pendant 3 minutes. Ajoutez les tomates hachées et faites revenir pendant 2 à 3 minutes. Incorporez, en remuant, la farine et faites cuire pendant 1 minute. Ajoutez le lait, portez à ébullition et faites cuire pendant 1 minute. Incorporez la morue, le saumon, le persil et la feuille de laurier et laissez mijoter pendant 3 à 4 minutes.

Préchauffez le four à 180 °C/350 °F/gaz 4. Répartissez le mélange de poisson dans 4 ramequins d'environ 8 à 10 cm (3 à 4 po) de diamètre et surmontez de purée de pommes de terre. Badigeonnez la purée de l'œuf légèrement battu et faites cuire au four pendant 15 à 20 minutes. Vous pouvez les faire dorer sous un gril préchauffé pendant quelques minutes à la toute fin.

Pâté d'aiglefin au riz et aux œufs
❄ ☺ ☹

Ce plat délicieux est un repas pour toute la famille et dont les enfants raffolent et qui peut être consommé autant le matin que le soir. Si vous voulez en préparer une plus petite quantité, il vous suffit de couper de moitié les quantités.

Donne 6 portions d'adulte

350 g (³/₄ de lb) d'aiglefin fumé, non teint
100 ml (3 ½ oz) de double-crème
1 ½ c. à soupe de beurre
1 oignon, pelé et haché
1 c. à café (à thé) de pâte de cari douce
200 g (7 oz) de riz basmati, cuit
1 c. à café (à thé) de jus de citron
2 c. à soupe de persil frais, haché
2 œufs durs, hachés
Sel et poivre

Mettez l'aiglefin dans un plat allant au four micro-ondes et versez-y la crème. Couvrez de pellicule plastique, percée de quelques trous avec la pointe d'un couteau, et faites cuire à température maximale pendant 5 à 6 minutes. Entre-temps, dans une poêle à frire ou un wok, faites fondre le beurre et faites revenir l'oignon pendant 8 minutes jusqu'à ce qu'il soit ramolli. Incorporez la pâte de cari et le riz, et faites cuire pendant 1 minute, en remuant continuellement. Émiettez l'aiglefin et ajoutez le liquide de cuisson, le jus de citron, le persil et les œufs hachés. Salez et poivrez, si nécessaire (pour les enfants de plus d'un an).

Muffins grillés au thon ❄ ☺ ☹

DONNE 1 À 2 PORTIONS

110 g (¼ de lb) de thon en conserve, dans de l'huile, égoutté
1 c. à soupe de crème fraîche ou de mayonnaise
1 c. à soupe de ketchup aux tomates
1 oignon vert, haché finement
2 c. à soupe de maïs sucré en conserve
1 muffin anglais
25 g (¼ de tasse) de cheddar, râpé

Émiettez le thon dans un bol et incorporez la crème fraîche ou la mayonnaise, le ketchup aux tomates, l'oignon vert et le maïs sucré. Préchauffez le gril, coupez le muffin en deux et faites griller les moitiés. Répartissez le mélange au thon sur les deux moitiés. Couvrez de fromage râpé et placez sous le gril pendant environ 2 minutes jusqu'à ce que ce soit doré et bouillonnant.

Pochettes de pita au thon ☺ ☹

DONNE 2 POCHETTES DE PITA

110 g (¼ de lb) de thon en conserve, dans de l'huile, égoutté
50 g (¼ de tasse) de maïs sucré
1 œuf dur, haché
1 c. à soupe de mayonnaise
½ c. à café (à thé) de vinaigre de vin blanc
2 oignons verts, hachés
1 tomate, pelée, épépinée et hachée
Sel et poivre fraîchement moulu
1 pain pita

Émiettez le thon à l'aide des dents d'une fourchette et mélangez-y le maïs sucré, l'œuf dur haché, la mayonnaise, le vinaigre de vin blanc, les oignons verts, la tomate, le sel et le poivre. Faites griller le pain pita, coupez-le en deux pour faire deux pochettes et remplissez-les du mélange.

Tagliatelles au thon ❄ ☺ ☹

Donne 6 portions d'adulte

½ oignon, pelé et haché finement
2 c. à soupe de beurre
1 c. à soupe de fécule de maïs
125 ml (½ tasse) d'eau
400 ml (14 oz) de crème de tomates en conserve
Une pincée de fines herbes séchées, mélangées
1 c. à soupe de persil frais, haché
200 g (7 oz) de thon en conserve, dans de l'huile, égoutté
Poivre noir
750 ml (3 tasses) de tagliatelles vertes
1 c. à soupe de parmesan, râpé

SAUCE AUX CHAMPIGNONS ET AU FROMAGE
½ oignon, pelé et haché finement
2 c. à soupe de beurre
100 g (1 ½ tasse) de champignons, lavés et tranchés
2 c. à soupe de farine
300 ml (1 ¼ tasse) de lait
100 g (1 tasse) de cheddar, râpé

La sauce : faites frire l'oignon dans le beurre jusqu'à ce qu'il soit translucide, ajoutez les champignons et faites revenir 3 minutes. Ajoutez la farine et remuez sans arrêt. Ajoutez graduellement le lait et faites cuire, en remuant, jusqu'à ce que la sauce soit épaisse et lisse. Retirez du feu et incorporez le fromage râpé.

Faites frire l'oignon dans le beurre jusqu'à ce qu'il soit ramolli. Délayez la fécule dans l'eau et ajoutez à la crème de tomates. Ajoutez les fines herbes et le persil frais et faites cuire, en remuant, à feu doux 5 minutes. Incorporez le thon effeuillé et faites bien chauffer. Salez et poivrez légèrement.

Faites cuire les tagliatelles *al dente* et égouttez. Graissez un plat de service et ajoutez le thon à la tomate aux pâtes et ensuite la sauce aux champignons et au fromage. Garnissez de parmesan râpé. Faites cuire au four préchauffé à 180 °C/ 350 °F/gaz 4, 20 minutes. Faites gratiner sous le gril avant de servir.

Thon aux pâtes et tomates ☺ ☹

L'oignon rouge et les tomates mûres donnent à ce plat une délicieuse saveur. Les tomates mûries au soleil sont des tomates sucrées à demi séchées, et ne sont pas aussi dures que les tomates séchées habituelles.

Donne 4 portions

200 g (7 oz) de penne
2 c. à soupe d'huile d'olive
1 oignon rouge moyen, pelé et tranché mince
4 tomates italiennes, coupées en quartiers, épépinées et hachées grossièrement
200 g (7 oz) de thon en conserve, dans de l'huile, égoutté
75 g (3 oz) de tomates à demi séchées, hachées
1 c. à café (à thé) de vinaigre balsamique
Une poignée de feuilles de basilic frais, déchiquetées
Sel et poivre fraîchement moulu

Faites cuire les penne dans de l'eau bouillante salée selon les directives sur l'emballage. Entre-temps, faites chauffer l'huile dans une poêle à frire, ajoutez l'oignon et faites cuire pendant environ 6 minutes, en remuant de temps à autre jusqu'à ce qu'il soit ramolli. Ajoutez le thon, les tomates italiennes, les tomates à demi séchées, le vinaigre balsamique, le basilic, et le sel et le poivre, et faites cuire pendant 1 minute avant d'incorporer les pâtes. Servez.

Poulet

Poulet et nouilles à la thaïlandaise
❄ ☺ ☹

N'hésitez pas à faire essayer de nouvelles saveurs à votre enfant. La présente recette parfumée au cari doux et à la sauce à la noix de coco plaît beaucoup.

DONNE 4 PORTIONS

MARINADE
1 c. à soupe de sauce soja
1 c. à soupe de saké
½ c. à café (à thé) de sucre
1 c. à café (à thé) de fécule de maïs

½ poitrine de poulet, coupée en languettes
125 g (¾ de tasse) de nouilles chinoises
1 c. à soupe d'huile végétale
3 oignons verts, tranchés
1 gousse d'ail, pelée et écrasée
½ c. à café (à thé) de piment rouge, épépiné et haché
1 ½ à 2 c. à café (à thé) de pâte de cari korma
150 ml (5 oz) de bouillon de poulet (voir page 76)
150 ml (5 oz) de lait de coco
6 mini-épis de maïs, coupés en quartiers
100 g (1 ½ tasse) de germes de haricots
75 g (¾ de tasse) de pois surgelés

Mélangez les ingrédients de la marinade et faites-y mariner le poulet au moins 30 minutes. Faites cuire les nouilles selon les directives sur l'emballage, égouttez et rincez à l'eau froide. Faites chauffer l'huile végétale dans un wok ou un poêlon et faites revenir les oignons verts, l'ail et le piment rouge environ 2 minutes. Égouttez le poulet de la marinade, ajoutez-le au wok et poursuivez la cuisson en remuant 2 minutes. Ajoutez la pâte de cari, le bouillon de poulet et le lait de coco et faites cuire 5 minutes à feu doux. Ajoutez les mini-épis de maïs et les germes de haricots et faites cuire 3 à 4 minutes. Finalement, ajoutez les pois et faites cuire 2 minutes de plus.

Poulet barbecue ☺ ☹

Une bonne marinade transformera vos barbecues en attendrissant les viandes tout en rehaussant leur saveur. Utilisez 1 kg (2 lb) de poitrines de poulet, sans peau avec l'os, avec ces marinades ; elles conviennent aussi au bœuf et à l'agneau.

DONNE 4 À 5 PORTIONS D'ADULTE

MARINADE HOISIN
2 c. à soupe de sauce soja
2 c. à soupe de sauce hoisin
2 c. à soupe de vinaigre de vin de riz
1 c. à soupe de miel
1 c. à soupe d'huile végétale
½ c. à café (à thé) d'ail, émincé (facultatif)

MARINADE TERIYAKI
3 c. à soupe de vinaigre de vin rouge ou blanc
2 c. à soupe de sauce soja
1 c. à soupe de miel
½ c. à soupe d'huile de sésame
1 c. à café (à thé) de gingembre frais, râpé (facultatif)
1 c. à soupe d'oignon vert, tranché

Mélangez les ingrédients de l'une ou l'autre marinade. Faites mariner le poulet au moins 2 heures. Faites cuire le poulet au barbecue, en le badigeonnant de marinade et en le tournant de temps à autre, 15 à 20 minutes (les viandes brunes mettent plus de temps à cuire que les viandes blanches). Le poulet devrait être entièrement cuit, mais pas trop pour éviter qu'il ne se dessèche. En cas d'incertitude quant à la cuisson complète du poulet sans en carboniser les surfaces extérieures, faites-le cuire dans un four préchauffé à 200 °C/400 °F/gaz 6, 25 à 30 minutes et terminez-en la cuisson au barbecue pendant quelques minutes pour lui conférer une saveur authentique.

Satés de poulet ☺ ☹

Ces brochettes de poulet au barbecue sont amusantes à manger et très populaires auprès des petits enfants. Aidez votre bambin à retirer la viande des brochettes et éloignez ensuite les brochettes – elles pourraient devenir des armes dangereuses dans les mains de bambins exubérants !

Donne 2 portions d'adulte

2 poitrines de poulet doubles, désossées et sans peau
1 petit oignon, pelé
1 petit poivron rouge, épépiné
8 champignons, lavés

Marinade à l'arachide
2 c. à soupe de beurre d'arachides
1 c. à soupe de bouillon de poulet (voir page 76)
1 c. à soupe de vinaigre de vin de riz
1 c. à soupe de miel
1 c. à soupe de sauce soja
1 c. à café (à thé) d'ail, émincé (facultatif)
1 c. à café (à thé) de graines de sésame, grillées (facultatif)

Mélangez dans un bol tous les ingrédients de la marinade. Faites tremper 4 brochettes de bambou dans de l'eau pour éviter qu'elles ne brûlent. Coupez le poulet, l'oignon et le poivron en gros morceaux. Laissez mariner le poulet au moins 2 heures. Embrochez les morceaux de poulet, d'oignon, de poivron et les champignons et faites cuire au barbecue en badigeonnant fréquemment le poulet de la marinade.

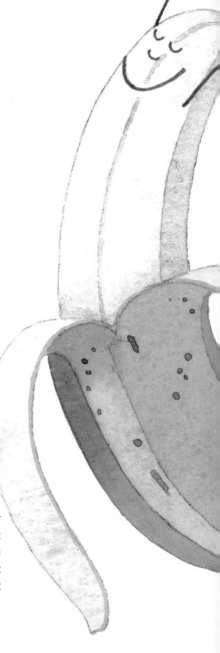

Soupe de poulet, nouilles et légumes ❄ ☺ ☹

DONNE 6 PORTIONS

1 litre (4 tasses) de bouillon de poulet
1 c. à soupe d'huile végétale
1 oignon, pelé et tranché finement
1 gousse d'ail, pelée et écrasée
125 g (¼ de lb) de poitrine de poulet, coupée en petits morceaux
¼ de c. à café (à thé) d'assaisonnement pour le poulet
125 ml (½ tasse) de haricots verts, parés et coupés en petits bouts
50 g (¾ de tasse) de vermicelles ou de très petites pâtes en forme d'étoile
1 tomate, pelée, épépinée et hachée

Préparez du bouillon de poulet dans une casserole à partir de 2 cubes de bouillon dissous dans de l'eau bouillante, ou du bouillon du commerce, ou de ma recette à la page 76. Pendant ce temps, faites chauffer l'huile végétale dans une autre casserole et faites revenir l'oignon et l'ail 2 minutes. Ajoutez le poulet, saupoudrez de l'assaisonnement et faites revenir 1 minute en remuant de temps à autre. Ajoutez ensuite les haricots verts et faites revenir 3 minutes. Mélangez le poulet, l'oignon, les haricots et les vermicelles avec le bouillon de poulet. Portez à ébullition, baissez le feu et laissez mijoter 3 à 4 minutes, ou jusqu'à ce que les pâtes soient cuites et les haricots juste assez tendres. Incorporez la tomate hachée et faites cuire 1 minute.

Poulet mariné sur le gril ☺ ☹

J'aime beaucoup faire cuire le poulet, la viande ou le poisson sur un gril. De plus, parce que la quantité de gras utilisée est très faible, c'est également un mode de cuisson très sain. Mes trois enfants adorent cette recette dont la marinade parfume délicieusement le poulet et le rend plus tendre. Assurez-vous que le gril est très chaud avant d'y déposer les aliments.

*DONNE **2** PORTIONS D'ADULTE*

2 poitrines de poulet
1 c. à soupe d'huile d'olive

MARINADE AU ROMARIN
Le jus d'un demi-citron
1 c. à soupe de sauce soja
1 c. à soupe de miel
1 petite gousse d'ail, pelée et tranchée
2 brins de romarin frais (facultatif)

Tailladez les poitrines de poulet 2 ou 3 fois à l'aide d'un couteau tranchant. Mélangez tous les ingrédients de la marinade et faites mariner le poulet au moins 2 heures. Faites chauffer le gril, badigeonnez-le d'huile, retirez les poitrines de poulet de la marinade et faites-les cuire sur le gril 4 à 5 minutes de chaque côté, ou jusqu'à ce qu'elles soient entièrement cuites. Tranchez en lanières et servez avec des frites ou de la purée de pommes de terre et des légumes colorés tels que carottes, brocoli ou pois.

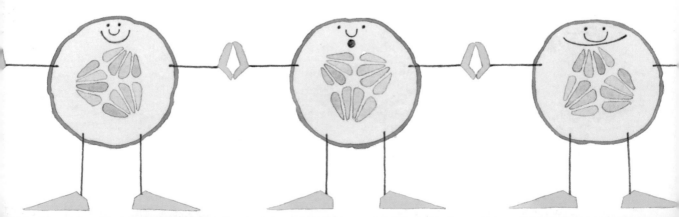

Soupe de poulet au curry ❄ ☺ ☹

Cette recette a un goût de tomate et une saveur douce de curry que les enfants adorent. Elle a été créée par ma mère et est un des plats préférés de ma famille. Servez avec du riz et, pour les grandes occasions, des poppadums indiens.

DONNE 8 PORTIONS D'ADULTE

1 poulet (coupé en 10 morceaux), sans peau
Farine
Sel et poivre
Huile végétale
2 oignons moyens, pelés et hachés
6 c. à soupe de concentré de tomate
2 c. à soupe de poudre de curry doux
900 ml (3 3/4 tasses) de bouillon de poulet (voir page 76)
1 grosse (ou 2 petites) pomme, cœur enlevé et tranchée mince
1 petite carotte, pelée et tranchée mince
2 tranches de citron
75 g (1/2 tasse) de raisins secs
1 feuille de laurier
2 c. à café (à thé) de sucre roux

Préchauffez le four à 180 °C/350 °F/gaz 4. Enrobez le poulet de farine salée et poivrée, et faites frire dans l'huile, pour dorer de toutes parts. Égouttez sur du papier absorbant, puis déposez dans un plat à four.

Faites revenir l'oignon dans l'huile, pour dorer, puis incorporez le concentré de tomate. Ajoutez le curry et cuisez à feu doux 2 à 3 minutes. Incorporez 2 c. à soupe de farine, puis versez le tiers du bouillon en mélangeant bien.

Ajoutez pomme, carotte, citron, raisins secs, feuille de laurier, reste du bouillon, sucre, sel et poivre. Versez le tout sur le poulet et mettez au four 1 heure. Quand c'est cuit, enlevez citron et laurier, puis désossez le poulet et coupez en petits morceaux.

Pépites de poulet au sésame
à la sauce chinoise ❄ ☺ ☹

Les graines de sésame peuvent entraîner une réaction allergique chez certains enfants, bien que ceci soit très rare. Surveillez bien votre enfant, surtout s'il est allergique à d'autres aliments ou s'il souffre d'eczéma ou d'asthme.

DONNE 12 PÉPITES

2 poitrines de poulet doubles, désossées et sans peau
1 œuf
1 c. à soupe de lait
Farine assaisonnée
100 g (¹/₄ de lb) de graines de sésame pour enrober
2 c. à soupe d'huile végétale

SAUCE CHINOISE
250 ml (1 tasse) de bouillon de poulet (voir page 76)
2 c. à café (à thé) de sauce soja
1 c. à café (à thé) d'huile de sésame
1 c. à soupe de sucre
1 c. à café (à thé) de vinaigre de cidre
1 c. à soupe de fécule de maïs
1 oignon vert, tranché finement

Coupez chaque poitrine de poulet en 6 morceaux, environ. Battez ensemble l'œuf et le lait. Trempez les pépites dans la farine assaisonnée de sel et de poivre, ensuite dans l'œuf puis enrobez de graines de sésame. Faites frire dans de l'huile chaude 5 minutes, tournant les morceaux de poulet fréquemment, jusqu'à ce qu'ils soient d'un beau doré et entièrement cuits. Mélangez tous les ingrédients de la sauce (sauf l'oignon vert) dans une petite casserole. Portez à ébullition et laissez mijoter de 2 à 3 minutes, ou jusqu'à épaississement. Ajoutez l'échalote et versez la sauce sur les pépites de poulet.

Viande rouge Hamburgers juteux à la pomme
❄ ☺ ☹

La pomme râpée rend ces boulettes de viande très juteuses. Servez sur des pains hamburgers avec des feuilles de laitue et du ketchup, et des frites au four. Elles sont excellentes également cuites sur charbon de bois.

DONNE 8 HAMBURGERS

½ poivron rouge, épépiné et haché
1 oignon, pelé et haché finement
1 c. à soupe d'huile végétale
450 g (1 lb) de bœuf ou d'agneau haché maigre
1 c. à soupe de persil frais, haché
1 cube de bouillon de poulet, émietté finement
1 pomme, pelée et râpée
1 œuf, battu légèrement
25 g (½ tasse) de panure
1 c. à café (à thé) de sauce Worcestershire
Sel et poivre noir fraîchement moulu
Un peu de farine
Huile végétale pour badigeonner une plaque de cuisson ou pour faire frire

Faites frire le poivron rouge et la moitié de l'oignon dans l'huile végétale environ 5 minutes. Dans un bol, mélangez l'oignon et le poivron frits et le reste de l'oignon avec tous les autres ingrédients, sauf la farine et l'huile végétale. Façonnez, avec des mains enfarinées, 8 galettes de viande. Badigeonnez une plaque de cuisson d'un peu d'huile et, une fois chaude, déposez-y 4 des galettes et faites-les cuire environ 5 minutes de chaque côté ou jusqu'à ce qu'elles soient bien grillées et entièrement cuites. Répétez avec les 4 dernières galettes. Elles peuvent également être frites dans un peu d'huile chaude dans un poêlon peu profond. Servez les hamburgers seuls ou dans des pains hamburgers avec laitue et ketchup.

Boulettes de viande glacées à la sauce tomate ❄ ☺ ☹

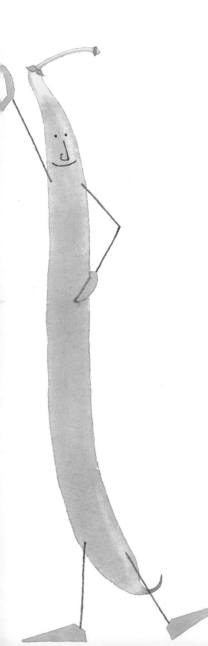

DONNE 6 PORTIONS

SAUCE TOMATE
1 ½ c. à soupe d'huile d'olive légère
1 oignon moyen, pelé et haché
1 gousse d'ail, pelée et écrasée
250 g (9 oz) de tomates fraîches, mûres, pelées, épépinées et hachées
400 g (14 oz) de tomates hachées, en conserve
1 c. à café (à thé) de vinaigre balsamique
1 c. à café (à thé) de sucre superfin
Sel et poivre fraîchement moulu
1 c. à soupe de feuilles de basilic frais, déchiquetées

BOULETTES DE VIANDE
350 g (¾ de lb) de bœuf haché maigre
1 oignon, pelé et haché finement
1 pomme à dessert, pelée et râpée
50 g (1 tasse) de panure de pain blanc
1 c. à soupe de persil frais, haché
1 cube de bouillon de poulet, émietté et dissous dans 2 c. à soupe d'eau bouillante
Sel et poivre noir fraîchement moulu
Farine pour façonner les boulettes
Huile végétale pour frire

La sauce tomate : faites chauffer l'huile dans une casserole et faites-y ramollir doucement l'oignon et l'ail. Incorporez les tomates fraîches et faites cuire 1 minute. Ajoutez les tomates en conserve, le vinaigre balsamique, le sucre, le sel et le poivre. Ajoutez le basilic et passez le tout dans un mélangeur pour obtenir une sauce lisse.

Pendant ce temps, mélangez les ingrédients pour les boulettes. Façonnez, avec des mains enfarinées, environ 24 petites boulettes. Faites brunir les boulettes dans l'huile à feu relativement élevé, en les tournant de temps à autre. Baissez ensuite le feu et poursuivez la cuisson pendant environ 5 minutes. Versez la sauce tomate, couvrez et poursuivez la cuisson environ 10 à 15 minutes.

Mini-steaks minute ☺ ☹

Ces petits steaks, nappés d'une délicieuse sauce au jus de viande et accompagnés de pommes de terre rissolées, sont absolument savoureux.

Donne 2 portions d'adulte ou 4 portions d'enfant

2 c. à soupe d'huile végétale
1 oignon, pelé et tranché finement
1 c. à café (à thé) de sucre superfin
1 c. à soupe d'eau
200 ml (7 oz) de bouillon de bœuf
1 c. à café (à thé) de fécule de maïs, délayée dans 1 c. à soupe d'eau
Quelques gouttes de sauce Worcestershire
1 c. à café (à thé) de concentré de tomate
Sel et poivre
350 g (³/₄ de lb) de pommes de terre, pelées
1 ½ c. à soupe de beurre
4 x 60 g (2 ½ oz) de bœuf (filet ou croupe), d'environ 0,5 cm (¹/₄ po) d'épaisseur

Pour la sauce : faites chauffer 1 c. à soupe de l'huile végétale dans un poêlon. Ajoutez l'oignon et faites dorer 7 à 8 minutes. Ajoutez le sucre et l'eau, augmentez la chaleur et faites évaporer l'eau (environ 1 minute). Incorporez le bouillon de bœuf, la fécule délayée dans de l'eau, la sauce Worcestershire et le concentré de tomate. Salez et poivrez. Faites épaissir en remuant 2 à 3 minutes.

Pour les pommes de terre rissolées : coupez les pommes de terre en gros morceaux, faites bouillir dans de l'eau légèrement salée environ 8 minutes. Égouttez et coupez en tranches de 1 cm (½ po). Faites chauffer le beurre dans un poêlon et faites revenir les pommes de terre de 5 à 6 minutes, en les tournant de temps à autre jusqu'à ce qu'elles soient bien dorées et croustillantes.

Faites chauffer l'huile qui reste dans un poêlon, salez et poivrez les steaks et faites-les frire 1 à 2 minutes chaque côté. Servez nappés de la sauce au jus avec des pommes de terre rissolées.

Sauté de bœuf et de brocoli ❄ ☺ ☹

Un sauté de bœuf facile à préparer et agrémenté d'une sauce délicieuse. Pour faire griller des graines de sésame, faites-les revenir 2 à 3 minutes dans une poêle sans gras, en les remuant continuellement jusqu'à ce qu'elles soient dorées.

Donne 4 portions d'adulte

175 g (³/₄ de tasse) de riz
1 c. à soupe d'huile de sésame
½ c. à soupe d'huile de tournesol
1 oignon, pelé et haché
1 gousse d'ail, écrasée
1 carotte moyenne, pelée et coupée en julienne
100 g (1 tasse) de bouquets de brocoli
250 g (9 oz) de filet de bœuf, tranché en fines lanières
1 c. à soupe de fécule de maïs
150 ml (5 oz) de bouillon de bœuf
2 c. à soupe de cassonade foncée
1 ½ c. à soupe de sauce soja
1 c. à soupe de graines de sésame grillées

Faites cuire le riz dans de l'eau selon les directives sur l'emballage. Faites chauffer l'huile de sésame et l'huile de tournesol dans un wok ou une poêle et faites revenir l'oignon et l'ail pendant 3 à 4 minutes. Ajoutez la carotte et le brocoli et faites revenir pendant 2 minutes. Ajoutez les lanières de bœuf et faites revenir pendant 4 à 5 minutes. Délayez la fécule de maïs dans 1 c. à soupe d'eau froide et incorporez au bouillon de bœuf. Ajoutez à la poêle en remuant, ainsi que la cassonade, la sauce soja et les graines de sésame. Portez à ébullition et laissez mijoter pendant 2 minutes. Servez accompagné du riz cuit.

Pâtes alimentaires

Spaghettis à la sauce duo de tomates ❄ ☺ ☹

Une excellente sauce tomate maison est toujours fort appréciée et elle peut être servie avec tout type de pâtes et aussi du parmesan fraîchement râpé.

DONNE 4 PORTIONS D'ENFANT

3 c. à soupe d'huile d'olive
1 oignon, pelé et haché
1 gousse d'ail, pelée et écrasée
4 tomates mûres, pelées, épépinées et hachées
400 g (14 oz) de tomates hachées, en conserve
Une pincée de sucre
1 feuille de laurier
2 c. à soupe de feuilles de basilic frais, hachées
Sel et poivre
250 g (9 oz) de spaghettis

Faites chauffer l'huile dans une casserole et faites revenir l'oignon et l'ail de 5 à 6 minutes, ou jusqu'à ce qu'ils soient ramollis. Ajoutez les tomates fraîches et en conserve, le sucre, la feuille de laurier et le basilic ; salez et poivrez. Portez à ébullition et faites cuire 20 minutes. Pendant ce temps, faites cuire les spaghettis selon les directives sur l'emballage. Égouttez les pâtes et mélangez à la sauce.

Farfalles au fromage suisse et aux tomates cerises ☺☹

Ce plat est grandement apprécié par mes enfants et peut être dégusté chaud ou froid.

DONNE 4 PORTIONS D'ENFANT

440 ml (1 ³/₄ tasse) de farfalles
1 c. à soupe de vinaigre de vin blanc
3 c. à soupe d'huile d'olive
½ c. à café (à thé) de moutarde de Dijon (facultatif)
Une pincée de sucre
Un peu de sel et de poivre noir fraîchement moulu
1 c. à soupe de ciboulette fraîche, ciselée
110 g (¼ de lb) de tomates cerises, coupées en deux ou en quatre
50 g (½ tasse) de fromage suisse, râpé

Faites cuire les pâtes dans de l'eau légèrement salée selon les directives sur l'emballage. Préparez la vinaigrette en mélangeant le vinaigre, l'huile, la moutarde (si utilisée), le sucre, le sel et le poivre ; ajoutez ensuite la ciboulette ciselée. Égouttez les pâtes et mettez-les dans un bol, mélangez aux tomates cerises et au fromage suisse. Secouez la vinaigrette, versez-la sur les pâtes, remuez bien pour les enrober.

Sauce aux trois fromages ❄ ☺ ☹

Une délicieuse sauce au fromage crémeuse à souhait, excellente sur des pâtes. Si vous le désirez, vous pouvez y ajouter 2 ou 3 tranches de jambon de bonne qualité coupées en lanières.

Donne 4 portions

2 c. à soupe de beurre
4 c. à soupe de farine
300 ml (1 ¼ tasse) de lait
50 g (½ tasse) de gruyère, râpé
40 g (3 oz) de parmesan, râpé
150 g (5 oz) de mascarpone

Faites fondre le beurre, incorporez la farine en remuant et faites cuire pendant 1 minute. Ajoutez graduellement le lait en remuant continuellement pendant 5 minutes à feu doux jusqu'à ce que la sauce épaississe. Retirez du feu, ajoutez le gruyère et le parmesan, en remuant, et ensuite le mascarpone.

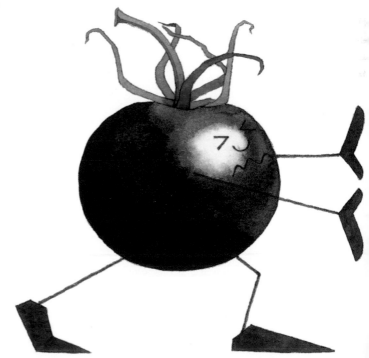

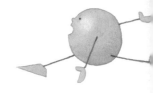

Spaghettis primavera ❄ ☺ ☹

Une recette simple pour des spaghettis avec des légumes du printemps dans une savoureuse sauce au fromage. Vous pouvez également préparer cette recette avec des pâtes de différentes formes.

Donne 4 portions

150 g (5 oz) de spaghettis
1 c. à soupe d'huile d'olive
1 oignon, pelé et haché
1 gousse d'ail, pelée et écrasée
1 carotte moyenne taillée en julienne
1 courgette moyenne taillée en julienne
100 g (1 tasse) de petits bouquets de chou-fleur
150 ml (5 oz) de crème fraîche légère
150 ml (5 oz) de bouillon de légumes (voir page 38)
50 g (½ tasse) de pois surgelés
50 g (½ tasse) de parmesan frais, râpé

Faites cuire les spaghettis selon les directives sur l'emballage. Faites chauffer l'huile dans une casserole à fond épais et faites revenir l'oignon et l'ail 1 minute. Ajoutez les juliennes de carotte et de courgette et faites revenir, en remuant de temps à autre, 2 à 3 minutes. Pendant ce temps, blanchissez le chou-fleur dans de l'eau bouillante légèrement salée 5 minutes ou à la vapeur, ou jusqu'à ce qu'il soit tendre. Ajoutez la crème fraîche, le bouillon de légumes et les pois à la carotte et à la courgette, et remuez. Faites cuire 2 à 3 minutes avant d'ajouter le parmesan. Égouttez les spaghettis et enrobez bien de sauce.

Fruits et desserts

Croustade aux pommes et aux mûres ❄ ☺ ☹

Vous pouvez également préparer des mini-croustades dans des ramequins. Parsemer le fond du plat d'amandes broyées permet d'absorber une partie du liquide et d'éviter les débordements. Ceci n'est cependant pas nécessaire si vous utilisez des ramequins.

DONNE 6 PORTIONS

3 c. à soupe de beurre
750 g (1 ¾ lb) de pommes à couteau (par ex. Gala, Pink Lady), pelées, cœurs enlevés et hachées
2 ½ c. à soupe de cassonade moelleuse
350 g (3 tasses) de mûres, fraîches ou surgelées
2 c. à soupe d'amandes broyées (si vous utilisez un grand plat)

GARNITURE
150 g (1 ¼ tasse) de farine
Une généreuse pincée de sel
100 g (½ tasse) de beurre froid, coupé en dés
85 g (½ tasse) de sucre demerara
25 g (1 oz) de flocons d'avoine

Faites fondre le beurre dans une grande poêle et faites revenir les pommes hachées avec la cassonade pendant 3 à 4 minutes, en remuant de temps à autre. Ajoutez les mûres. Saupoudrez d'amandes broyées le fond d'un plat rond en verre allant au four de 20 cm (8 po) pour aider à absorber une partie du liquide. Répartissez le mélange de fruits sur les amandes. Si vous préparez des portions individuelles, répartissez les fruits dans six ramequins de 10 cm (3 ½ po). Les ramequins sembleront très pleins, mais les fruits diminueront de taille en cuisant.

Préparez la garniture en passant au robot culinaire la farine, le sel, le beurre et le sucre avant d'ajouter les flocons d'avoine. Vous pouvez aussi mélanger la farine, le sel et le sucre et, à l'aide de vos doigts, incorporer le beurre ; ajoutez ensuite les flocons d'avoine.

Préchauffez le four à 180 °C/350 °F/gaz 4. Parsemez la garniture sur les fruits et faites cuire pendant 35 minutes.

Mini-gâteaux au fromage ❄ ☺ ☹

Ces petits gâteaux au fromage se préparent en un tournemain. Ils sont faits dans un moule à muffins garni de moules en papier et ne requièrent aucune cuisson. Tous les membres de ma famille en raffolent ; ils font d'excellents petits desserts pour un goûter ou une fête d'anniversaire. Les enfants peuvent également s'amuser à les préparer eux-mêmes. Si l'idée d'utiliser des moules en papier ne vous plaît pas, vous pouvez utiliser des ramequins en verre.

DONNE 6 MINI-GÂTEAUX

6 sablés
3 c. à soupe de beurre
250 g (9 oz) de mascarpone
6 c. à soupe de crème de citron
1 c. à soupe de jus de citron
120 ml (½ tasse) de double-crème
3 c. à café (à thé) de crème de citron (facultatif)

Insérez 6 gros moules en papier dans un moule à muffins en métal. Mettez les biscuits dans un sac et écrasez-les à l'aide d'un rouleau à pâtisserie. Faites fondre le beurre et incorporez-y les sablés émiettés. Répartissez ce mélange dans les moules en papier et formez un fond en appuyant avec vos doigts. Faites refroidir au réfrigérateur pendant que vous préparez la garniture.

Battez le mascarpone, la crème de citron et le jus de citron à l'aide d'un batteur électrique. Fouettez la crème jusqu'à ce qu'elle forme des pics mous. Incorporez délicatement au mélange au fromage. Remplissez les moules en papier de cette garniture. Vous pouvez déposer une demi-cuiller à café (à thé) de crème au citron sur le dessus de chaque mini-gâteau et, à l'aide d'un bâtonnet à cocktail, y dessiner un motif.

Pouding au pain et au beurre ☺ ☹

Ce pouding est tout aussi délicieux lorsqu'il est préparé avec du pain aux raisins, du challa ou du panettone.

Donne 4 portions d'adulte

2 c. à soupe de beurre à la température de la pièce, et un peu plus pour graisser
4 tranches de pain blanc, croûtes enlevées
2 c. à soupe de confiture d'abricots
50 g (2 oz) de raisins secs
250 ml (1 tasse) de double-crème
250 ml (1 tasse) de lait
1 c. à café (à thé) d'extrait de vanille
2 gros œufs et le jaune d'un œuf
4 c. à soupe de sucre superfin

Préchauffez le four à 160 °C/325 °F/gaz 3. Tartinez le pain d'un peu de beurre et ensuite de confiture d'abricots. Coupez les tranches de pain en triangles. Graissez légèrement un plat rectangulaire de 21 x 16 x 6 cm (8 ¼ x 6 ¼ x 2 ½ po) ou d'environ 1,5 litre (6 tasses) allant au four. Disposez les tranches de pain dans le plat et parsemez de raisins secs. Fouettez ensemble la crème, le lait, la vanille, les œufs et le jaune d'œuf ainsi que le sucre ; versez sur le pain. Le pain ne devrait pas être entièrement couvert, et les pointes devraient être apparentes pour que le dessus devienne croustillant. Déposez le plat dans une grande rôtissoire en étain et remplissez-la à moitié d'eau bouillante. Faites cuire pendant 40 à 45 minutes.

Sucettes glacées

Créez vos propres parfums. Essayez différentes combinaisons comme des baies fraîches ou surgelées réduites en purée et passées au tamis, sucrées avec un peu de sucre à glacer et mélangées avec du jus de canneberges ou de cassis. Vous pouvez également y ajouter du yogourt comme des mini-yogourts probiotiques à boire. Essayez aussi de mélanger une boîte de litchis avec un peu de jus de citron ou de lime et passez au tamis pour obtenir une sucette glacée très rafraîchissante.

Sucettes de sorbet aux fraises ❄ ☺ ☹

Parmi les aliments auxquels les enfants ne peuvent résister, les sucettes glacées se trouvent en tête de liste. La plupart des sucettes glacées commerciales sont pleines de parfums artificiels et de colorants ; il est donc de loin préférable de les préparer vous-même à partir de fruits frais. Les sucettes de deux couleurs sont très amusantes. Remplissez à moitié des moules avec du sorbet aux fraises, congelez-les pendant environ deux heures et versez ensuite un jus de couleur orange comme du jus de pomme et de mangue ou de fruits tropicaux.

DONNE 4 SUCETTES GLACÉES

2 c. à soupe de sucre superfin
3 c. à soupe d'eau
250 g (2 tasses) de fraises, équeutées et coupées en deux
Le jus d'une orange moyenne (environ 3 c. à soupe)

Versez le sucre et l'eau dans une casserole et faites bouillir jusqu'à l'obtention d'un sirop (environ 3 minutes) ; laissez refroidir. Réduisez en purée les fraises à l'aide d'un mélangeur à main électrique et combinez la purée au sirop refroidi et au jus d'orange. Versez ce mélange dans les moules à sucettes. Faites congeler jusqu'à ce que les sucettes soient bien prises.

Sucettes glacées à la pêche et au fruit de la passion ❄ ☺ ☹

Donne 6 sucettes

Le jus de 2 grosses oranges
Le jus de 3 fruits de la passion
2 pêches juteuses et mûres, pelées, dénoyautées et hachées
Sucre à glacer, au goût

Combinez tous les ingrédients dans un mélangeur ou un robot culinaire et mélangez jusqu'à consistance lisse. Versez dans les moules et congelez.

Pouding aux vermicelles *lockshens* ☺ ☹

Les *lokshens* sont de très fins vermicelles aux œufs.

Donne 4 portions d'adultes

225 g (3 tasses) de vermicelles
1 gros œuf, battu
2 c. à soupe de beurre, fondu
250 ml (1 tasse) de lait
1 c. à soupe de sucre vanillé ou superfin
½ c. à café (à thé) d'épices à tarte aux pommes
50 g (½ tasse) chacun de raisins dorés et de raisins secs
Quelques amandes effilées (facultatif)

Faites cuire les vermicelles dans de l'eau bouillante environ 5 minutes. Égouttez et mélangez au reste des ingrédients. Mettez dans un plat peu profond allant au four et faites cuire dans un four préchauffé à 180 °C/350 °F/gaz 4 environ 30 minutes.

Crème au yogourt aux fraises glacée ☺ ☹

Une délicieuse crème au yogourt glacée facile à préparer à partir d'ingrédients naturels. Vous pouvez aussi faire un yogourt glacé à la pêche melba en utilisant des framboises fraîches réduites en purée et filtrées et du yogourt aux pêches. J'aime servir ce dessert dans un grand verre avec de petites baies fraîches.

Donne 6 portions d'adulte

110 g (½ tasse) de sucre superfin
300 ml (1 ¼ tasse) d'eau
350 g (3 tasses) de fraises fraîches
300 ml (1 ¼ tasse) de yogourt aux fraises
150 ml (5 oz) de crème épaisse, fouettée
1 blanc d'œuf, battu

Mettez le sucre dans une casserole avec l'eau. Portez à ébullition et faites bouillir 5 minutes pour obtenir un sirop. Réservez et laissez tiédir quelques minutes. Réduisez les fraises en purée et filtrez au tamis, mélangez au sirop et incorporez le yogourt aux fraises et la crème fouettée. Barattez 10 minutes dans un appareil à crème glacée, incorporez ensuite en pliant le blanc d'œuf, et barattez 10 minutes de plus ou jusqu'à consistance ferme.

Cette recette peut également être préparée sans l'appareil, mais prendra plus de temps à faire. Versez la préparation dans un contenant de plastique et congelez. Sortez le bol du congélateur lorsque la préparation est à demi congelée et fouettez-la. Remettez au congélateur. Fouettez à nouveau après 1 heure. Incorporez en pliant le blanc d'œuf fouetté, congelez à nouveau, et fouettez à deux autres reprises pendant le processus de congélation.

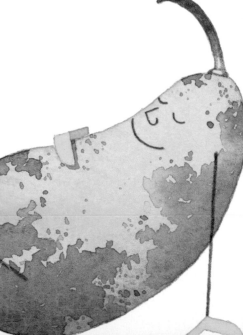

Les pâtisseries pour les bambins

Fleurettes aux pommes ☺☹

Vous pouvez utiliser des feuilles de pâte feuilletée déjà roulée – qu'il suffit de dérouler et de faire cuire – ce qui rend ces délicieuses petites pâtisseries très simples à réaliser.

Donne 6 mini-tartelettes aux pommes

300 g (11 oz) de pâte feuilletée
2 c. à soupe de beurre
4 c. à soupe de sucre superfin
1 œuf
Quelques gouttes d'extrait d'amandes
50 g (½ tasse) d'amandes, moulues
1 ½ c. à soupe de beurre, fondu
3 petites pommes à dessert
Sucre superfin pour saupoudrer
2 c. à soupe de gelée d'abricot, filtrée
1 c. à soupe de jus de citron
6 cerises confites

Préchauffez le four à 200 °C/400 °F/gaz 6. Taillez six rondelles de l'abaisse de pâte feuilletée à l'aide d'un emporte-pièce rond d'environ 10 cm (4 po) ou coupez autour d'une soucoupe servant de guide à l'aide d'un couteau tranchant. Pour préparer la garniture aux amandes, battez en crème le beurre et le sucre, ajoutez l'œuf en battant, quelques gouttes d'extrait d'amandes et les amandes moulues, pour obtenir une crème onctueuse. Percez à la fourchette la pâte à quelques endroits et badigeonnez d'un peu de beurre fondu. Tartinez un peu de la préparation aux amandes sur chaque rondelle.

Pelez et enlevez le cœur des pommes, coupez-les en deux et tranchez-les mince. Disposez les tranches de fruit en rond sur les rondelles de pâte. Badigeonnez d'un peu de beurre fondu, saupoudrez de sucre superfin et faites cuire au four environ 20 minutes ou jusqu'à ce que la pâte soit croustillante et le fruit cuit. Tranférez les tartelettes sur une grille pour les laisser tiédir.

Faites chauffer la gelée d'abricot et le jus de citron dans une petite casserole et badigeonnez les fruits d'un peu de la gelée fondue. Déposez au centre de chaque tartelette une cerise confite.

Muffins à l'ananas et aux raisins secs ☺☹

Ces muffins sont absolument délectables et très santé ; ils ne traînent pas très longtemps sur le comptoir dans notre maison !

DONNE ENVIRON 13 MUFFINS

110 g (1 tasse) de farine
110 g (1 tasse) de farine de blé entier (farine complète)
1 c. à café (à thé) de levure chimique
¾ de c. à café (à thé) de bicarbonate de soude
1 c. à café (à thé) de cannelle moulue
1 c. à café (à thé) de gingembre moulu
½ c. à café (à thé) de sel
190 ml (¾ de tasse) d'huile végétale
75 g (½ tasse) de sucre superfin
2 œufs
125 g (¼ de lb) de carottes, râpées
225 g (½ lb) d'ananas broyé, égoutté
100 g (¼ de tasse) de raisins secs

Tamisez les farines, la levure chimique, le bicarbonate, la cannelle, le gingembre et le sel et mélangez bien. Battez l'huile, le sucre et les œufs ensemble jusqu'à ce que le mélange soit homogène. Ajoutez les carottes râpées, l'ananas et les raisins secs. Ajoutez graduellement le mélange de farines et battez juste assez pour combiner tous les ingrédients. Versez la pâte dans les moules à muffins et faites cuire dans un four préchauffé à 180 °C/350 °F/gaz 4, environ 25 minutes ou jusqu'à ce que les muffins soient bien hauts et dorés. Laissez refroidir sur une grille.

Zoo de petits gâteaux ❄ ☺ ☹

Donne 10 petits gâteaux

140 g (¹/₃ de tasse) de beurre, ou de margarine, ramolli
140 (³/₄ de tasse) de sucre doré superfin
3 œufs
1 c. à café (à thé) d'extrait de vanille pure
125 g (1 tasse) de farine à pâtisserie

GLAÇAGE FONDANT
225 g (1 ¹/₂ tasse) de sucre à glacer, tamisé
Environ 2 ¹/₂ c. à soupe d'eau tiède
Quelques gouttes de colorant alimentaire

GLAÇAGE AU CHOCOLAT
60 g (2 ¹/₂ oz) de chocolat au lait
4 c. à soupe de beurre ramolli
85 g (²/₃ de tasse) de sucre à glacer, tamisé

DÉCORATIONS
Une variété de bonbons : réglisse, jujubes, M&M, lacets de réglisse, flocons de chocolat, tubes de glaçage pour écrire, mini-guimauves, etc.

Préchauffez le four à 190 °C/375 °F/gaz 5. Insérez 10 moules en papier dans un moule à brioches ou à muffins. Battez tous les ingrédients pour le gâteau dans un bol pendant 2 minutes. Remplissez aux ²/₃ les moules en papier avec la pâte. Faites cuire pendant 18 à 20 minutes.

Préparez le glaçage fondant en mélangeant le sucre à glacer avec une quantité suffisante d'eau tiède pour obtenir une consistance pour tartiner, divisez la quantité en trois portions et ajoutez à chacune les différents colorants. Servez-vous des bonbons et du glaçage en tube pour décorer.

Préparez le glaçage au chocolat en brisant le chocolat en morceaux et en les passant au micro-ondes à température élevée pendant 1 à 2 minutes ou faites-les fondre au bain-marie. Battre en crème le beurre et le sucre et incorporez ensuite le chocolat ; garnissez les petits gâteaux de ce glaçage. Décorez avec des flocons de chocolat pour obtenir des hérissons.

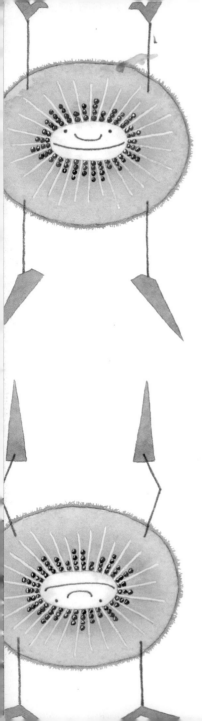

Carrés au chocolat ☺ ☹

D'excellentes gâteries pour les fêtes d'anniversaire ou pour terminer en beauté n'importe quel repas.

DONNE 16 CARRÉS AU CHOCOLAT

110 g (¼ de lb) de biscuits graham
110 g (¼ de lb) de biscuits au gingembre
150 g (5 oz) de chocolat au lait
120 g (¼ de lb) de chocolat noir
85 g (⅓ de tasse) de mélasse ou de sirop de maïs léger
85 g (⅓ de tasse) de beurre doux
100 g (¾ de tasse) d'abricots séchés prêts à manger, hachés
50 g (⅓ de tasse) de raisins secs
45 g (1 ½ oz) de riz soufflé (Rice Krispies)

Graissez légèrement et tapissez de papier sulfurisé un moule carré peu profond de 20 cm (8 po). Mettez les biscuits graham dans un sac de plastique et écrasez-les avec un rouleau à pâtisserie jusqu'à l'obtention d'une chapelure grossière. Faites fondre les chocolats, la mélasse ou le sirop et le beurre dans un bol à l'épreuve de la chaleur au-dessus d'une casserole d'eau à petits bouillons. Incorporez la chapelure de biscuits graham jusqu'à ce qu'elle soit bien enrobée ; ajoutez les abricots et les raisins secs et, finalement, le riz soufflé (*Rice Krispies*).

Étendez la préparation dans le moule. Égalisez la surface, en pressant avec un pilon et mettez au réfrigérateur pour faire solidifier. Coupez en carrés et servez.

Index

Disponibles chez le même éditeur

100 recettes santé pour votre grossesse, de Jane Middleton et George Rapitis
L'adoption internationale : guide à l'intention des futurs parents, de Laetitia Toanen
Bébés génies de 0 à 12 mois, de Jackie Silberg
Bébés génies de 12 à 24 mois, de Jackie Silberg
Bébés contents de 0 à 12 mois, de Jackie Silberg
Bébés contents de 12 à 24 mois, de Jackie Silberg
Bébés contents de 24 à 36 mois, de Jackie Silberg
Les enfants de 1 à 3 ans : les tout-petits, de Holly Bennett et Teresa Pitman
Les enfants de 3 à 5 ans : l'âge préscolaire, de Holly Bennett et Teresa Pitman
Les enfants de 6 à 8 ans : les premières années d'école, de Holly Bennett et Teresa Pitman
Les enfants de 9 à 12 ans : les préadolescents, de Holly Bennett et Teresa Pitman
Être parent dans un monde de fous, de Dr Yves Lamontagne, CM, MD, FRCP, ADM.A
Le grand livre de Bébé végé, de Carol Timperley
Les superaliments pour les enfants de 4 mois à 8 ans, d'Annabel Karmel
Votre grossesse après 30 ans, de Glade B. Curtis, M.D.

Remerciements

Je suis très reconnaissante aux personnes suivantes pour leur aide et les conseils qu'ils m'ont prodigués pendant la rédaction du présent ouvrage.

Margaret Lawson, conférencière principale en alimentation des enfants, Institute of Child Health ; Professeur Charles Brook, endocrinologue et consultant, Middlesex Hospital ; Dr Sam Tucker FRCP, pédiatre et consultant, Hillingdon Hospital, Dr Tim Lobstein, spécialiste de l'alimentation et de la nutrition des enfants au London Food Commission, Carol Nock SRN FCN, sage-femme.

Merci également à Jacqui Morley, Mary Jones, Elizabeth Jones, Caroline Stearns et Aurelia Stearns, mannequin extraordinaire, et tous les bébés et leurs parents qui ont participé aux photographies illustrant cette édition. Toute l'équipe de Ebury, particulièrement Sarah Lavelle, Vicky Orchard, Carey Smith et Fiona Macintyre ; toute l'équipe de Smith & Gilmour pour leur superbe concept ; Dave King pour ses magnifiques photos et Nadine Wickenden pour les adorables illustrations.

Ma mère, Evelyn Etkind, pour l'appui constant qu'elle m'a témoigné dans la rédaction de cet ouvrage. David Karmel, pour la patience dont il a fait preuve à m'enseigner comment utiliser un ordinateur. Et, plus que tout, mon mari Simon, mon cobaye principal, pour son appui indéfectible.

À propos de l'auteur

Annabel Karmel est une auteure renommée pour ses livres de cuisine à l'intention des enfants. À la suite du décès de son premier enfant emporté par une infection virale rare alors qu'elle avait moins de trois mois, Annabel a écrit *Le grand livre de bébé gourmand*, devenu un best-seller à l'échelle internationale. Elle a écrit plusieurs autres ouvrages dont *Les super-aliments pour les bébés et les enfants de 4 mois à 8 ans* (Guy Saint-Jean Éditeur, 2007).

En tant que cordon-bleu dûment formé et jeune mère, elle a dû faire face à la difficulté de nourrir de jeunes enfants. Elle a effectué des recherches approfondies de tous les aspects entourant l'alimentation des bébés et des enfants dans le but de clarifier les conseils souvent déroutants et contradictoires que reçoivent les parents sur le sujet.

Annabel apparaît fréquemment à la télévision et elle écrit régulièrement pour plusieurs magazines et journaux en Grande-Bretagne.